fis

Wetten wie die Profis

Mit Spielanalyse

und

Einsatzstrategie

zum Erfolg

von Tim Tienken

Bibliographische Informationen der Deutschen Bibliothek

Die Deutsche Bibliothek verzeichnet diese Publikation in der Deutschen Nationalbibliographie; detaillierte bibliographische Daten sind im Internet unter http://dnb.ddb.de abrufbar.

Herstellung und Verlag: Books on Demand GmbH, Norderstedt

ISBN 978-3-8334-9654-7

Inhalt

1 Einleitung

Wohl kaum ein anderer Markt hat sich in den letzten Jahren so schnell entwickelt, wie der für Sportwetten. Vor 10 Jahren waren praktisch nur Elferwette und Auswahlwette bekannt. Im Jahre 2007 ist es dem Interessierten möglich, aus über 100 Buchmachern in der ganzen Welt zu wählen.

Neben den normalen Buchmachern, die einen Spielplan mit festgesetzten Quoten anbieten, haben sich im Laufe der Zeit auch andere Konzepte Marktreife erarbeitet. Hervorzuheben sind sicherlich die Wettbörsen, die eine Wette von Mensch zu Mensch möglich machen und auf dem Papier die fairsten Konditionen bieten. Es ist somit sicherlich einfacher geworden Geld zu gewinnen, doch benötigt man, wie z.B. auch an der Aktienbörse, einfach ein solides Grundwissen. Dieses soll im ersten Kapitel vermittelt werden. Für Leser, die bereits einschlägige Erfahrungen haben, mag es überflüssig erscheinen, doch soll dieses Buch jedem helfen.

Anschließend werden wir uns kurz mit den Faktoren beschäftigen, die für die Spielanalyse entscheidend sind. Abschließend möchte Ihnen mein System vorstellen, welches ich nun seit 5 Jahren erfolgreich bespiele. Dabei werde ich Ihnen meine wichtigsten Faktoren erläutern: Spielanalyse, Spielauswahl und Kapitalmanagement. Aus Gründen der Einfachheit, werde ich es exemplarisch an Fußballspielen zeigen. Dies ist wohl der Bereich, in dem über 90% der Wetten in Deutschland gesetzt werden. Natürlich kann ich auf Grund der jahrelangen Erfahrung auch auf andere Sportarten und Ligen zurückgreifen. Doch sind dort immer die Besonderheiten des Sports zu betrachten. Die Faktoren die zur Spielauswahl führen, sind also höchst vielfältig. Trotzdem sollte es Ihnen nach Lektüre dieses Buches möglich sein, ein System zu bespielen, welches Ihnen langfristig Gewinne beschert. Es wird keine Einbahnstraße, die Sie über Nacht zu Reichtum bringt, aber es nimmt den Sportwetten den Charakter des Glücksspiels und lässt sie im Licht eines Investments erscheinen.

Dieses Werk hat nicht den Anspruch eines vollständigen Kompendiums zum Thema, sondern will Ihnen vielmehr einen persönlichen Berater zur Seite stellen, der sie Schritt für Schritt in die wichtigen Bereiche einführt und gleichzeitig die Umsetzung in den Alltag vorführt.

Um einer Langatmigkeit vorzubeugen, wird an den Willen des Lesers appeliert, sich auch selbst Gedanken zu machen. Deshalb sind die Ausführungen so kurz wie möglich gehalten, damit der Kern der Sache zwar eindeutig klar wird, aber ein genaues Verständnis vielleicht erst beim zweiten oder dritten Lesen erlangt wird.

2 Grundlagen

Jedes Ereignis auf das Sie wetten wird eigentlich nur durch eine Kennzahl vergleichbar zu anderen gemacht: die Quote.

Sie entspricht dem Faktor (in Dezimaldarstellung, die in Europa gebräuchlich ist) mit dem der Einsatz multipliziert wird, falls es zu einer Gewinnausschüttung kommt.

Einsatz x Quote = Auszahlung

Gewinn = Auszahlung - Einsatz

Dabei wird gleichzeitig eine Wahrscheinlichkeit des Wettereignisses impliziert. Bei einer Quote von 2 müssen Sie über 50% der Wetten gewinnen, um langfristig im Plus zu sein. Dabei ist dieser Break-Even genau bei $1/_{Quote}$.

Was muss ich tun um zu gewinnen?

Sie sind nicht allein. Diese Frage werden sich die meisten Leser dieses Werkes stellen. In der Theorie ist die Antwort so kurz wie einleuchtend: Finden Sie *Value*. Dieses Wörtchen beschreibt den Umstand, wenn Sie eine Wette zu einer Quote abgeschlossen haben, deren implizierte Wahrscheinlichkeit unter der tatsächlichen liegt.

Für diejenigen die Formeln mögen:

$$\text{Value } \nu = \%p - \frac{1}{Q}$$

%p : estimierte Wahrscheinlichkeit in % / 100

Q : Quote des Buchmachers

Ist *v* größer als 0, sollten Sie die Wette spielen, egal wie wahrscheinlich das Eintreten des Ereignisses ist. Das heißt zum Beispiel, dass Sie auch gegen Top-Teams gehen sollten, selbst wenn sie Ihnen eine 80%ige Gewinnchance einräumen. Wenn Sie nur eine 1.15 erhalten (wofür Sie im Schnitt eine Trefferquote >85% benötigen), sollten Sie im eigenen Interesse die Finger davon lassen. Dagegen kann eine Quote über 5 schon eher sinnvoll sein, wenn Sie ihr mehr als 20% Eintrittswahrscheinlichkeit einräumen.

Das ganz einfache Prinzip anhand des Münzwurfes:
Sie haben die Ausgänge Kopf oder Zahl und Ihnen werden nun von verschiedenen Buchmachern unterschiedliche Quoten angeboten.

Quote Kopf	Gewinn	Verlust	Gesamt
1.90	0.90	-1.00	-0.05
2.00	1.00	-1.00	+0.00
2.10	1.10	-1.00	+0.05

Die Spalten Gewinn bzw Verlust zeigen den Reinerlös einer einzelnen Wette bei 1€ Einsatz an.

Das Gesamtergebnis berechnet sich dadurch, dass der Gewinn und Verlust jeweils mit der Wahrscheinlichkeit (hier 0.5) multipliziert und dann addiert wird.

Dieses Beispiel ist natürlich eine sehr abstrakte Darstellung des Wettalltags. Sie werden nicht nur Spiele mit genau 50% Eintrittswahrscheinlichkeit spielen und dafür immer die gleichen Quoten bekommen. Aber es ändert sich nichts daran wenn Sie Abwandlungen vornehmen. Am Ende lassen sich alle Einzelereignisse zu einer großen Wette zusammenfassen die Sie getätigt haben. Dann zeigt sich, ob ein Plus oder ein Minus vor Ihrem Saldo steht. Wie Sie sehen, können schon kleine Unterschiede in der Quote, die Sie annehmen den Ausschlag für die eine oder andere Seite geben. Auch wenn es Ihnen zunächst völlig egal sein mag, ob Sie nun 50 Cent mehr oder weniger bekommen. Sie spielen ja nicht nur einmal, sondern gerade wenn Sie den Punkt erreicht haben, an dem Sie zu den Gewinnern gehören, müssen Sie versuchen so viele Value-Wetten wie möglich zu spielen. Und 1000 mal 50 Cent wollen Sie dann sicher doch nicht einfach so liegen lassen.

Also, erste Regel zum erfolgreichen Wetten:

Sie setzen nicht auf den wahrscheinlichen Sieger des Ereignisses, sondern auf für Sie vorteilhafte Quoten.

Doch möchte ich Sie schon jetzt auf das größte Problem des Value-Begriffes aufmerksam machen, das in meinen Auge das zentrale Problem der meisten Verlierer ist, die trotz des Verständnisses dieser Regel scheitern.

Evaluation von Wetten

Der Mensch ist es gewohnt, dass er sein Handeln überdenken, bewerten und daraus Entscheidungskriterien für die Zukunft ableiten kann.
Wenn Sie zum Beispiel in der Familie vor dem Problem der Urlaubsplanung stehen und sich zwischen Ort A (Sonne, Strand, Meer) und Ort B (Berge, Schnee, Skifahren) entscheiden müssen, werden Sie am Ende des Urlaubs ein

Fazit ziehen, ob es Ihnen gefallen hat. Fällt die Bewertung positiv aus, fahren Sie im nächsten Jahr wieder dorthin. Sonst probieren Sie Ihre andere Alternative aus. Was für den Urlaub genau die richtige Entscheidung sein mag, ist beim Setzen auf Sportwetten ein Problem.

Bei der Sportwette können Sie Ihre Wahrscheinlichkeiten so sorgfältig berechnen wie Sie wollen, Sie werden nie wissen können, ob Ihr errechneter Value wirklich vorhanden war. Das Einzelereignis ist eine so kleine Ausprägung, dass es unmöglich ist, daraus ein Urteil über Ihre Fähigkeiten abzuleiten. Selbst kleine Serien von 10 bis 20 Spielen können keine Auskunft darüber ausgeben, ob Sie es *geschafft* haben, denn theoretisch ist es durchaus möglich, dass Sie jede dieser 20 Wetten verlieren, obwohl die Value-Betrachtung richtig war, aber natürlich gilt es auch andersherum. Dies ist wahrscheinlich auch der Grund, warum die Sportwette noch in einem so schlechten Licht steht und als reines Glücksspiel betrachtet wird.
Der gute Bäcker backt gute Brötchen. Der schlechte Architekt baut schlechte Häuser. Und seine Form ist beständig. Sie können davon ausgehen, egal wann Sie zu dem guten Bäcker gehen, Sie werden eine gute Ware erhalten. Und die paar Mal wo er mit dem falschen Fuß aufgestanden ist, ziehen ihre Einschätzung nicht nach unten,

sondern geben Ihnen Gewissheit, dass dort noch Menschen mit Handarbeit arbeiten.

Da die Märkte so effizient geworden sind und die Quotensteller eine solch große Basis an Informationen haben, ist es sehr wahrscheinlich, dass Sie nur wenig Value in den Quoten finden werden. Aber je weniger Vorteil Sie besitzen, desto länger sind Sie vom Zufall abhängig. Stellen Sie sich Ihren Kontostand als eine Gerade mit positiver aber sehr flacher Steigung vor um die herum eine Kurve schwingt. Am Anfang sind noch viele Ausschläge nach unten im Minusbereich. Da aber die langfristige Tendenz nach oben geht, werden Sie irgendwann an den Punkt kommen, wo selbst die großen Ausreißer nach unten nicht mehr die Nulllinie kreuzen. Doch dies kann bei entsprechender Anzahl von Wetten auch 6 Monate bis zu Jahren dauern, Flatbetting (d.h gleicher Einsatz pro Wette) vorausgesetzt. Genug Zeit zwischendurch ins Minus abzudriften und an seinen Entscheidungen zu zweifeln. Das Zweifeln ist zwar grundsätzlich immer gut, denn es zeigt, dass man sich mit seiner Strategie auseinandersetzt, kann aber dazu führen seine eigentlich richtige Herangehensweise zu "verschlimmbessern". Geben Sie sich also genügend Zeit und damit auch genügend Kapital zur Verfügung und lassen Sie sich nicht zu sehr von kurzfristigen Serien blenden. Sie werden immer wieder auf sie stoßen, im Positiven wie im

Negativen. An einem Tag fühlen Sie sich unantastbar und wollen den Sportwagen schon bestellen, an anderen Tagen verzweifeln Sie an den unglaublich knappen Ergebnissen, die alle gegen Sie ausfallen und sind kurz davor hinzuschmeißen. Ich kann Ihnen aus eigener Erfahrung nur den Rat geben, diesen Situationen mit einer gewissen Portion Gelassenheit zu begegnen.

Nach diesen kurzen Hinweisen wollen wir aber zu den interessanten Dingen kommen. Was Sie zu tun haben, wissen Sie. Nur wie Sie dieses Ziel erreichen können, ist Ihnen noch nicht bewusst. Deshalb wollen wir nun dazu übergehen Konzepte zu entwickeln und diese aufzuspüren.

Dabei werde ich erst einmal große theoretische Komplexe behandeln, die Ihnen zeigen sollen, wie im optimalen Fall eine Strategie aussehen könnte. Da aber auch ich weiß, dass Zeit kostbar ist, müssen wir uns dann damit beschäftigen, wie eine durchführungsfähige Methode aussehen kann, die zwar die wichtigen Aspekte unserer Erkenntnisse aufnimmt, es Ihnen aber auch ohne das Führen und Auswerten von Tausenden Datenbanken erlaubt, an einem Samstagmorgen Ihre Tipps zusammenzustellen.

3 Das Negativ-Prinzip:

Wie viele Gründe fallen Ihnen ein auf die Bayern zu tippen, wenn sie zu Hause gegen Hannover 96 antreten? Viele!

Folgende fallen mir spontan ein. Ergänzen Sie die Liste gerne mit eigenen Einfällen.

◆ Bester Kader der Liga
◆ Müssen gewinnen um sich abzusetzen / an Team B dranzubleiben
◆ Haben seit X Jahren nicht mehr gegen Hannover verloren
◆ Seit Y Spielen ungeschlagen
◆ Allianz-Arena ist ausverkauft
◆ Spieler Z will Torschützenkönig werden und macht bestimmt 3 Buden
◆ Habe letzte Woche auch auf sie getippt und sie haben gewonnen

Dies sind oft Gründe, die man in den Analysen von einigen Möchtegern-Profis liest, die sich zwar intensiv mit der Bundesliga beschäftigen, aber eben auch nur den großen Rahmen sehen. Denn glauben Sie, dass oben genannte Punkte in irgendeiner Form Exklusivwissen sind, das nur Sie kennen? Ganz im Gegenteil, jeder weiß es und so auch die

Buchmacher. Die Bayernquoten sind dem angepasst und es bringt Ihnen absolut gar nichts. Zudem sind alle Aussagen bis auf den Hinweis auf den direkten Vergleich, auf den ich später noch genauer eingehen möchte, allgemeingültig. Einfach sichtbar mit folgender Gegenfrage:

Wann gilt denn einer dieser Punkte nicht? Sehr selten, also müsste die Konsequenz lauten: Tippe jedes Bayern-Heimspiel auf Sieg. Dies mag einmal ein Jahr profitabel sein, aber auf Grund der niedrigen Quoten reichen schon ein paar Ausrutscher und das Minus steht. Sie hängen dann nämlich nicht mehr von Ihrem Wissen ab, sondern nur noch vom puren Zufall.

Auf jeden Fall gilt: Ich kann Ihnen zu jedem Spiel der Bayern mehr Gründe nennen, warum sie gewinnen müssten, als das sie es nicht tun. Aber wie Sie hoffentlich schon mitbekommen haben, ist das gar nicht der entscheidende Punkt, wenn Sie auf der Jagd nach Value sind.

In diesem Zusammenhang ist es viel zielführender sich einmal die Gegenseite anzuschauen, denn auch wenn Sie von Ihrem Tipp am Ende überzeugt sind, sollten Sie die kritischen Punkte zumindest zur Kenntnis genommen haben. Ich plädiere also dafür, sich die Probleme der einzigen Teams mindestens genauso intensiv anzuschauen, wie deren Stärken.

1. Unentschieden

Der sehr häufig begangene Fehler ist das Übergehen des Unentschiedens. Mit Spielen die 0:0 enden, werden vielleicht einfach keine Erfahrungen in unserem Gedächtnis gespeichert. Aber seien Sie sich darüber im Klaren: Bei der Wette auf Dreiweg (1-X-2) ist ein Unentschieden eine Niederlage für Sie, wenn Sie auf den Sieg eines Teams setzen. Es macht aus finanzieller Sicht keinen Unterschied für Sie, ob ihr Team mit 0:5 untergeht oder es in der 90. Minute den 1:1 Ausgleichstreffer erzielt.

Dies ist so offensichtlich, dass es eigentlich keiner Erwähnung bedarf. Doch vielleicht liegt es auch an der medialen Berichterstattung. Wie oft hören wir Zitate wie:

„Team X ist seit 10 Spielen ungeschlagen"
„Team Y hat seit 2 Monaten nicht mehr gewonnen"

Für uns impliziert das anscheinend: Team X ist super in Form. Kommt also für einen Tipp in Frage, während Team Y die letzten Graupen sind, die wohl nie wieder gewinnen werden.

Nun könnte die Bilanz der Teams in den letzten 5 Spielen aber z.B. so aussehen:

Mannschaft	Gesamt	Heim	Auswärts
Team X	4-6-0	3-2-0	1-4-0
Team Y	0-6-4	0-4-1	0-2-3

Wenn Team Y nun zu Hause gegen Team X antritt, sehen die Unterschiede plötzlich gar nicht mehr so groß aus. Haben Sie zum Beispiel während der letzten 10 Spiele immer auf Team X gesetzt, haben Sie öfter verloren als gewonnen! Da rücken dann die tollen Schlagzeilen über deren Serie in den Hintergrund, wenn ihr Wettkonto deshalb geschrumpft ist.

Ich empfehle deshalb, sich immer auch das Verhältnis von positiven zu negativen Ausgängen in der Vergangenheit anzuschauen. Das ein Unentschieden in der Form aber sehr wohl anders als eine hohe Niederlage bewertet werden kann, werden wir uns in Kapitel 4 anschauen.

2. Änderungen in der Aufstellung

Viele Teams sind auf ihr Stammpersonal angewiesen und haben auf der Bank nur unzureichende Qualität zur Verfügung, um ihre Stars zu ersetzen. Deshalb sollten Sie sich, wenn möglich, immer über die Anzahl und Wichtigkeit der Ausfälle informieren.

Dabei wird die Sperre durch gelbe Karten gerne einmal übersehen, denn Rote Karten für ein böses Foul oder eine schwere Verletzung werden noch tagelang in den Medien durchgekaut und werden so jedem bewusst.

Hier sind aber vor allem 2 Positionen für die Negativbetrachtung interessant:

Abwehrspieler

Die Abstimmung ist einfach die Grundvoraussetzung für ein sicheres Defensivverhalten. Sie kommt zum Beispiel beim Abseitsstellen zu Tage. Wie viele Spitzenteams wurden schon durch andauerndes Fahnenwedeln des Linienrichters zur Verzweiflung gebracht? Hier ist es für den Neuen, ungleich seiner Fähigkeiten, immer schwer Fuß zu fassen. Fallen gleich mehrere Abwehrspieler aus, vielleicht sogar in der besonders sensiblen Innenverteidigung, so sollten Sie das unbedingt berücksichtigen.

Mittelfeld (Kreativzentrum)

Viele Vereine begnügen sich mit einem wirklich starken Kreativspieler, der einfach für das gesamte Angriffsspiel verantwortlich ist und auch in schwierigen Situationen das Heft in die Hand nimmt. Seine Stärke liegt vor allem in der individuellen Klasse, die auch durch einen intakten Teamgeist kaum zu egalisieren ist.

Im Angriff bin ich immer etwas konservativer. Vor allem ganz junge Spieler haben oft schon einmal die Gunst der Stunde genutzt, um sich mit Toren in ihren ersten Spielen in die Startelf zu schießen. Kann man aber einen Verlust der Sicherheit im Abschluss mit hoher Sicherheit prognostizieren, kann dies sicherlich auch in die Entscheidung einfließen. Ähnliches gilt bei Torhütern, hier ist die Leistungsdichte meistens recht eng. Dies sollte nur in Ausnahmefällen eine größere Gewichtung erfahren.

3. Die Form

Eine auch für uns später wichtige Kennzahl, die Form der letzten 6 Spiele, wird häufig ohne weitere Betrachtung in die Analyse integriert. Dies ist sehr fahrlässig, da nicht nur das nackte Ergebnis (Sieg / Unentschieden / Niederlage) zählt, sondern auch wie überzeugend es dazu gekommen ist und vor allem gegen welchen Gegner welche Punkte geholt wurden.

An dieser Stelle sollte zunächst einmal die Betrachtung der einfachen Tordifferenz genügen:

Ein Spiel was 1-0 gewonnen wird, geht mit +1 in die Liste ein. Ein Unentschieden mit 0 und ein 1-4 würde mit –3 zu Buche schlagen.

So könnten die Letzen 6 Spiele so aussehen:

Mannschaft	Gesamt
0:3	-3
1:1	0
2:1	+1
1:4	-3
1:0	+1
2:1	+1

So sollten Sie bei einer doch eigentlich passablen 3-1-2 Form vorsichtig sein. Denn generell gilt: Wenn die durchschnittlichen Niederlagen höher ausfallen als die Siege. Finger weg!

Durchschnittliche Tordifferenz der Siege:

$$\frac{1+1+1}{3} = 1$$

Durchschnittliche Tordifferenz der Niederlagen:

$$\frac{3+3}{2} = 3$$

Dieses Kriterium schließt zunächst einmal aus, dass Sie auf ein Team setzen, um dessen Siege Sie immer lange zittern müssen und wo schon ein unerwartetes Ereignis (Elfmeter, Eigentor) ausreicht, um Ihre Wette zum Umfallen zu bringen. Es ist in meinen Augen eine sinnvolle Maßnahme einen Bonus für „zu-Null-Spiele" von 0.5 auf die Tordifferenz auszugeben. So werden Teams, die nach einem 1-0 auf Sicherheit spielen und dies nachweislich können nicht zu sehr benachteiligt. Auf negativer Seite sollte dies aber dann ebenfalls geschehen, wenn ein Team ohne Tor bleibt, denn wer kein Tor schießt, kann auch nicht gewinnen.

4. Der Heimvorteil

Vor allem wenn man sich die Teams jenseits der Tabellenspitze anschaut wird deutlich, dass viele von Ihnen zwei Gesichter haben. Während sie zu Hause souverän auftreten und gleichwertige Gegner regelmäßig in die Schranken weisen, haben sie auswärts selbst mit den

Kellerkindern ihre Probleme. Deshalb sollten Sie auch immer eine sorgfältige Unterscheidung vornehmen, welche Statistiken für das nächste Spiel von besonderer Relevanz sind.

Das Paradebeispiel ist seit Jahren Gladbach:

Saison	Heim	Auswärts
05/06	8-7-2	2-5-10
04/05	8-5-4	0-7-10
03/04	7-6-4	3-3-11
02/03	10-5-2	1-4-12

Sie sehen also, dass Sie bei Wetten auf Siege von Auswärtsmannschaften in Gladbach eher vorsichtig sein sollten. Denn obwohl sie meist um den Abstieg spielen und die Gegner somit recht niedrige Quoten erhalten, sind sie auf heimischen Boden schwer zu schlagen. Natürlich sind auch viele Unentschieden dabei. Aber gerade mal 12 Niederlagen in den 68 Heimspielen würden einer theoretisch gerechten Quote von 5.66 für das Auswärtsteam entsprechen.
Auf der nächsten Seite sehen sie aber die Heimspiele und Quoten der Saison 05/06, die zeigt, dass die Heimstärke nicht so stark wie nötig un den Quoten berücksichtigt ist.

Gladbach - Wolfsburg	13.08.2005
3.25 3.25 2.05	1:1
Gladbach - Duisburg	10.09.2005
1.80 3.55 4.60	2:1
Gladbach - Werder	20.09.2005
3.50 3.30 2.15	2:1
Gladbach - Mainz	01.10.2005
1.70 3.65 5.20	1:0
Gladbach - Lautern	22.10.2005
1.80 3.50 4.70	4:1
Gladbach - HSV	06.11.2005
2.65 3.35 2.65	0:0
Gladbach - Leverkusen	19.11.2005
2.45 3.25 2.95	1:1
Gladbach - Nürnberg	03.12.2005
1.70 3.60 5.30	0:1
Gladbach - Frankfurt	17.12.2005
1.90 3.40 4.30	4:3
Gladbach - Bayern	27.01.2006
5.55 3.50 1.70	1:3
Gladbach - Schalke	08.02.2006
3.15 3.25 2.35	0:0
Gladbach - Köln	18.02.2006
1.85 3.60 4.25	2:0

Gladbach - Bielefeld	05.03.2006
1.90 3.35 4.40	2:0
Gladbach - Stuttgart	18.03.2006
2.60 3.20 2.80	1:1
Gladbach -Dortmund	01.04.2006
2.65 3.35 2.65	2:1
Gladbach - Hertha	22.04.2006
2.75 3.20 2.65	2:2
Gladbach - Hannover	06.05.2006
2.25 3.05 3.55	2:2

Da in diesen Quoten ja noch die Buchmachermarge steckt, müssen Sie mit bis zu 20% höheren Quoten rechnen. Aber selbst damit kommen Sie nicht auf den benötigten Schnitt. Sie sehen also wo mögliche Gefahren aber auch Chancen stecken.

Dies soll jetzt ausdrücklich nicht dazu aufforden, blind auf Heimsiege zu setzen. Dies muss wie jedes andere Spiel individuell beurteilt werden. Außerdem enden Trends auch früher oder später und wer den Absprung verpasst, hat dann wirklich ein Problem.

5. Direktvergleich

Unter diesem Begriff fällt nichts anderes, als die früheren Leistungsvergleiche beider Teams.

Datum	Spiel	Ergebnis
04.02.2007	Werder - Schalke	0:2
25.08.2006	Schalke - Werder	2:0
23.04.2006	Werder - Schalke	0:0
26.11.2005	Schalke - Werder	2:1
22.01.2005	Schalke - Werder	2:1
06.08.2004	Werder - Schalke	1:0
21.02.2004	Schalke - Werder	0:0

An diesem Beispiel sehen Sie, dass es trotz der Ausgeglichenheit beider Teams Werder nicht gelingen will gegen Schalke zu überzeugen. So etwas kann mit der besonderen Bedeutung des Spiels (Derby, Spitzenspiel) zusammenhängen, aber auch mit der Spielausrichtung. Es ist in diesem Falle so, dass Schalke sowohl die spielerischen Mittel besitzt, aber auch mit der Zeit die Taktik perfektioniert hat, wie man gegen eine offensivstarke Mannschaft spielt. In einer Spielanalyse sollte man sich aber wirklich auf die letzten 3-4 Jahre beschränken, denn irgendeine Verbindung zum heutigen Team sollte vor allem personell noch bestehen.

6. Motivation

Ein weiteres Feld, das spielentscheidend sein kann, ist die Terminierung des Spiels.

Sicherlich ist es einfach anders, wenn man am 34. Spieltag um die Meisterschaft kämpft oder an Spieltag 11 während einer Englischen Woche ins verschneite Nürnberg fährt.

Dabei wird die positive Auswirkung aber überschätzt. Vor allem in der Endphase neigen die Teams, die eigentlich einen Vorsprung haben dazu, aus Angst oder was auch immer der Grund sein mag, ein von vorneherein als Pflichtsieg abgestempeltes Spiel doch zu verlieren. Dagegen sind die sogenannten Verfolger überproportional erfolgreich. Ihnen scheint es leichter zu fallen, weil sie eigentlich nichts zu verlieren haben. Dies gilt auch oft im Meisterschaftskampf. Sicher gibt es auch Jahre, in denen sich ein Team nach und nach absetzen kann und schon im April die Meisterschale einfährt. Doch viel öfter zeigt sich das Phänomen, dass es dem Tabellenführer einfach nicht gelingt sein Polster auszubauen, so dass die Verfolger immer wieder herankommen oder sogar zeitweise vorbeiziehen. Wenn man einen Grund finden kann, liegt er wohl in einer Form der Zufriedenheit, die die Tabellenführung mit sich bringt. Es gibt praktisch nichts höheres. Zudem wird das Team natürlich auch in den Medien überproportional erwähnt und meist in den Himmel gelobt, was schon so manchen den Boden unter den Füßen geraubt hat.

Weiterhin sollten Sie unbedingt die Wirkung von zu engen Terminplänen beachten. Steht im europäischen Wettbewerb ein ganz wichtiges Spiel an, sind die Köpfe, auch wenn Trainer und Manager immer wieder versuchen uns vom Gegenteil zu überzeugen, meistens schon dort. Das muss ja nicht gleich zur Niederlage führen. Aber einen negativen Einfluss auf die Leistungsfähigkeit sollte man berücksichtigen.

Unsere Prämisse wird also lauten: Lieber ein gutes Spiel zu viel vom Tippzettel gestrichen, als ein schlechtes gespielt.

7. Wetter

So klein kann der Unterschied manchmal sein. Ein paar Schneeflocken auf dem Platz und schon sieht der Bundesligist gegen einen Vertreter der Regionalliga im Pokalwettbewerb schlecht aus. Generell lässt sich wohl sagen: je widriger die Bedingungen, desto größer die Chancen für den Außenseiter. Nun ist es natürlich schwer ohne Meteorologiestudium die genaue Wetterlage zu bestimmen. Nur sind es halt die Extremfälle, wie Eiszeit, Sturm und tagelanger Regen, die einen bedeutenden

Einfluss auf die Ereignisse haben. Sie werden später bemerken, dass so viele Faktoren eine Rolle spielen, dass es unmöglich und auch unwirtschaftlich ist, zu viel Zeit mit Nebensächlichkeiten zu verschwenden. Aber schon das Wissen, dass es eben nicht alles nur von der Papierform abhängt, sondern tagesaktuelle Einflüsse eine Rolle spielen, bringt Sie wieder einen Schritt weiter auf dem langen Weg zum erfolgreichen Wetten.

Sie haben nun einige Bereiche gesehen, in denen Sie das Negativ-Prinzip einsetzen können. Vielleicht fallen Ihnen noch weitere ein, die ich fälschlicherweise unterschlagen habe und denen Sie eine ausreichende Auswirkung bescheinigen. Das ist dann auch gar kein Problem, denn Sie werden hier die Strukturen lernen. Die letztendliche Ausgestaltung, die auf Basis Ihrer Erkenntnis stattfindet, liegt dann allein in Ihren Händen. Fakt ist auf jeden Fall: Die Tabelle allein genügt nicht. Diese Erkenntnis trennt Sie schon mal von schätzungsweise 60-70% der anderen Wetter.

Also auf zu den nächsten 29% !

4 Estimations

Nun sollten Sie sich erst einmal darüber klar werden, was das Ziel unserer Bemühungen ist. Wie am Anfang aufgezeigt, müssen wir Value-Quoten finden. Dafür ist ein Vergleich von den Quoten des Buchmachers mit unseren Wahrscheinlichkeiten notwendig.
Unsere Wahrscheinlichkeiten? Genau um diese Berechnung soll es uns auf den nächsten Seiten gehen.

Die Basis

Ein Ereignis tritt auf jeden Fall ein. Deshalb werden sich unsere Wahrscheinlichkeiten zu 100% addieren. Wenn Sie sich die implizierten Wahrscheinlichkeiten der Buchmacher anschauen, kommen diese auf Werte von mehr als 100, weil sie mit dieser sogenannten Marge ihr Geld machen. Meistens tut das schlechte Moneymanagement zwar sein übriges, aber eigentlich ist das die eingebaute Gewinngarantie. Wie die 0 beim Roulette, die ein starres Gewinnsystem nicht erlaubt. Aber dort sind die Wahrscheinlichkeiten auch vorbestimmt. Wir haben im Bereich der Sportwette eben die Möglichkeit uns unsere eigenen Gedanken über die faire Bewertung zu machen. Keiner kann von sich behaupten die Wahrheit vorher zu kennen. Das ist also unsere Chance mit unseren

Kenntnissen die Buchmacher und eben damit die Mehrheit der Wetter zu schlagen, aber nur der langfristige Erfolg gibt am Ende Recht.

Da wir im folgenden Teil das Spiel Dortmund gegen Gladbach betrachten wollen, hier die durchschnittlichen Quoten und Wahrscheinlichkeit der Buchmacher:

Dortmund	Unentschieden	Gladbach
1.77	3.35	4.42
51.8%	27.4%	20.8%

Die Buchmachermarge

Dortmund - Gladbach (22.Spieltag)

$$\frac{1}{1.77} + \frac{1}{3.35} + \frac{1}{4.42} = 1.09 = 109\%$$

Wenn Sie die faire Quote aus der Marge berechnen wollen, müssen Sie alle Quoten jeweils mit diesem Faktor multiplizieren. Doch gibt das nur einen ungefähren Anhaltspunkt. Denn da der Wettbewerb unter den Buchmachern groß ist und die meisten Tipper blind auf die Favoriten gehen, sind auf dieser Seite die Quoten fairer als auf den Außenseitern. Dies ist aber auch mehr eine Spielerei. Entscheidend sind die Quoten, die Sie spielen können. An denen muss sich das Tippverhalten orientieren.

Aber fangen wir einfach mal an:

Als grobe Ausgangslage empfehle ich einfach die beiden S-U-N Gesamtbilanzen beider Teams zu verwenden.

SUN-Gesamt	Siege	Unentschieden	Niederlagen
Dortmund	6	7	8
Gladbach	5	5	11

Da wir die Statistiken immer aus der Sicht der Heimteams betrachten werden, sehen die kumulierten Werte so aus:

kum. Werte	Siege	Unentschieden	Niederlagen
Gesamt	17	12	13

Um bei unseren Berechnung am Ende nicht zu viele Rundungsfehler zu haben, werden wir mit den Wahrscheinlichkeiten $^{17}/_{42}$ etc. weiterrechnen.
Sie finden alle hier in Einzelschritten berechneten Werte dann zusammengefasst auf Seite 41, wo auch die Gewichtung vorgenommen wird.

Kommen wir zu den Heim-Auswärtsbilanzen. Die kummulierten Werte sind jeweils die Ergebnisse aus Sicht des Heimteams. Also Bei Siege werden die Siege des Heimteams mit den Niederlagen des Auswärtsteams addiert.

Heim/Ausw.	Siege	Unentschieden	Niederlagen
Dortmund	3	5	3
Gladbach	1	2	8
kum. Werte	11	7	4

Form der letzten 6 Spiele (letzte 3 Heim- & Auswärtsspiele)

Form	Siege	Unentschieden	Niederlagen
Dortmund	1	0	5
Gladbach	1	3	2
kum. Werte	3	3	6

Dies sind die reinen Zahlenspiele. Wie in Kapitel 2 aber schon angedeutet, wollen wir nun untersuchen, gegen wen welche Punkte geholt worden sind.

Ergebnisanalyse Dortmund

Um die Gesamtbilanz zu verfeinern, teilen wir die Liga in vier Teile. Platz 1-4 , 5-9 , 10-14 , 15-18. Bei Ligen mit 20 Teams kann eine gleichmäßige Aufteilung vorgenommen werden.

Nun schauen wir uns an in welcher der Gegner liegt und wie die bisherigen Ergebnisse der Saison für Dortmund gegen die Gegner aus diesem Abschnitt aussehen.

Gladbach liegt auf Platz 16. In diesem Bereich liegen auch:

Platz	Team
15	Aachen
16	Gladbach
17	Bochum
18	Hamburg

Bisherige Ergebnisse gegen diese Teams:

Spiel	Ergebnis
Dortmund - Hamburg	1:0
Gladbach - Dortmund	1:0
Dortmund - Bochum	1:1
Dortmund - Aachen	0:0
Hamburg - Dortmund	3:0

Diese Spiele ergeben somit eine S-U-N Bilanz von
1-2-2 bei einem negativen Torverhältnis von 2:5

Die Form gibt folgende Spiele aus:

Spiel	Ergebnis
Hamburg - Dortmund	3:0
Dortmund - Stuttgart	0:1
Mainz - Dortmund	1:0
Dortmund - München	3:2
Dortmund - Leverkusen	1:2
Schalke - Dortmund	3:1

Macht in unserer +- Schreibweise für die Tordifferenzen

Spiel	Ergebnis
Hamburg - Dortmund	-3
Dortmund - Stuttgart	-1
Mainz - Dortmund	-1
Dortmund - München	+1
Dortmund - Leverkusen	-1
Schalke - Dortmund	-2

Durchschnittlicher Sieg mit 1 Tor

Durchschnittliche Niederlage mit 1.6 Toren

Kein Torerfolg : 3

Kein Gegentor : 0

Zudem werden die Ergebnisse nach folgender Matrix bewertet.

Dabei ist der Abstand die Differenz der Klasse des betrachteten Teams und dessen Gegner.

Abstand	-3	-2	-1	0	+1	+2	+3
Sieg	0	0	0	2	3	5	8
Unentschieden	-3	-2	-1	0	1	2	3
Niederlage	-8	-5	-3	-2	0	0	0

Damit in Reihenfolge der Spiele oben.

Gegner	Klasse	Punkte
Hamburg	4	-5
Stuttgart	1	0
Mainz	4	-5
München	1	+3
Leverkusen	2	0
Schalke	1	0

Dies ergibt einen Punktestand für diese Kategorie von −7.

Dieses gesamte Prozedere führen wir nun in Kurzform auch für den Gegner Gladbach durch.

Dabei sei an dieser Stelle schon einmal auf das Kapitel 11 verwiesen, in dem Sie hilfreiche Links finden, um diese Daten in möglichst kurzer Zeit zu erfassen. Außerdem bietet sich das führen von Worksheets an, um bei späteren Spieltagen bei der Form immer nur einen Spieltag aus der Wertung nehmen zu müssen und den neuen einzutragen. So müssen dann nicht die gleichen Berechnungen Woche für Woche wiederholt werden.

Ergebnisanalyse Gladbach

Dortmund belegt Platz 9.

Spiele gegen Teams im gleichen Abschnitt

Spiel	Ergebnis
Nürnberg - Gladbach	1:0
Gladbach - Dortmund	1:0
Berlin - Gladbach	2:1
Gladbach - Leverkusen	0:2
Gladbach - Hannover	0:1
Gladbach - Nürnberg	0:0

Ergibt eine Bilanz von 1-1-4 bei 2-6 Toren

Form:

Spiel	Ergebnis
Gladbach - Aachen	0:0
Bielefeld - Gladbach	0:2
Gladbach - Nürnberg	0:0
Cottbus - Gladbach	3:1
Bochum - Gladbach	2:0
Gladbach - Mainz	1:1

Durchschnittlicher Sieg mit 2 Toren

Durchschnittliche Niederlage mit 2 Toren

Kein Torerfolg : 3

Kein Gegentor : 3

Punkte aus der Formmatrix:

Gegner	Punkte
Aachen	0
Bielefeld	3
Nürnberg	2
Cottus	0
Bochum	-2
Mainz	1

Gesamtpunkte: 4

Damit haben wir nun alle notwendigen statistischen Daten, um unsere Estimations berechnen zu können. Aufgabe ist es also nun die verschiedenen Daten in eine Quote umzurechnen, die die Wahrscheinlichkeit der Ausgänge wiedergibt.

Spielzusammenfassung
Dortmund – Gladbach

Form	Siege	Unent.	Niederlagen
Gesamt	17	12	13
Heim/Auswärts	11	7	4
Form	4	2	6
Spiele g. Gleiche	5	3	3

Form	Dortmund	Gladbach
Durchschnittliche S/N	1 : 1.6	2 : 2
kein Torerfolg	3	3
kein Gegentor	0	3
Formpunkte	-7	+4

Aus den ersten vier Angaben werden wir nun die ersten Wahrscheinlichkeiten berechen.

Dabei einfach in jeder Kategorie die S/U/N-Bilanzen durch die Anzahl der dort beobachteten Spiele teilen.

Form	Gew.Faktor	Heimsieg	Unents.	Auswärts.
Gesamt	10%	40.48	28.57	30.95
Heim/Auswärts	40%	50.00	31.82	18.18
Form	30%	25.00	25.00	50.00
Spiele g. Gleiche	20%	45.45	27.27	27.27

Nun werden in jeder Spalte die mit dem Gewichtungsfaktor multiplizierten Wahrscheinlichkeiten aufaddiert. Das führt zu folgender vorläufigen Verteilung:

Dortmund	Unentschieden	Gladbach
40.64	28.54	30.82

In Quoten übersetzt heißt das:

Dortmund	Unentschieden	Gladbach
2.46	3.50	3.24

Nun beginnt die Interpretation unserer restlichen Informationen.

Direkter Vergleich

Datum	Spiel	Ergebnis
2006/2007	Gladbach - Dortmund	1:0
2005/2006	Gladbach - Dortmund	2:1
2005/2006	Dortmund - Gladbach	2:1
2004/2005	Dortmund - Gladbach	1:1
2004/2005	Gladbach - Dortmund	2:3
2003/2004	Dortmund - Gladbach	3:1
2003/2004	Gladbach - Dortmund	2:1

Hier sehen wir deutlich die Tendenz zum Heimsieg. In den letzten vier Jahren, gingen 5 von 7 Spielen mit diesem Ergebnis aus. Gepaart mit der wirklich schlechten Auswärtsbilanz von Gladbach sollte das uns schon ein wenig beunruhigen, wenn wir uns unsere Quote auf den Auswärtssieg anschauen. Da wir diese Gefahr erkannt haben, werden wir ein sogenanntes Risk-premium einsetzen, indem wir die Quote, die wir für unsere Wette später fordern, erhöhen.

Da wir uns bei der Auswärtsquote schon im 3er Bereich befinden, sollte unser Aufschlag so im Bereich von 0,5 liegen. In den tieferen Quotenbereichen sollten Sie natürlich etwas vorsichtiger sein, denn bedenken Sie, dass eine Quotenerhöhung von 0.1 von 1.5 auf 1.6 eine absolute Wahrscheinlichkeitsänderung von ca. 4% zur Folge hat, während es von 4.5 auf 4.6 gerade mal 0.5% sind.

Vollständige Anpassung der jeweiligen Quote:

Dortmund   - 0.14

Unentschieden   - 0.34

Gladbach   +0.50

Es folgen noch die Sekundär-Werte der Matchbilanz:
Diese sind bisher gar nicht eingeflossen. Anstatt hier Quotenverschiebungen zu vollziehen, sind diese Faktoren für

mich Ausschlussmerkmale, denn eine Berücksichtigung in den Quoten würde zu dem Problem führen, dass wir so etwas, wie eine Doppelbesteuerung erhalten. Diese müssen wir schon in gewissen Umfang in Kauf nehmen, denn ist ja z.B. die Form in der Heim/Auswärtsbilanz und der Gesamtbilanz enthalten. So trägt ein Spiel unter Umständen ein zu hohes Gewicht, da es in alle Auswertungsteile ausgeht.

Dies ist natürlich zum Teil gewollt. Aber auch hier sollte man es nicht übertreiben. Außerdem sind die sekundären Werte schlecht zu quantifizieren. Was sollte man nun wie berücksichtigen? Doch qualitativ bieten sie uns ein leicht anzuwendendes Entscheidungskriterium.

Für mich gelten folgende Regeln:

Spiele kein Team, welches in mindestens 3 von 4 Bereichen schlechtere Werte hat als sein Gegner

Beispiel:

Sekundär-Werte	Team A	Team B
Durchschnittliche S/N	1.3 : 1.4	1.4 : 1.1
kein Torerfolg	2	5
kein Gegentor	2	3
Formpunkte	+2	-4

Da Team B in den letzten drei Bereichen schlechter als Team A abschneidet, würden wir in diesem Fall einen Tipp auf Team B ausschließen, egal wie vorteilhaft unsere Quotenberechnung ausfallen würde.

Spiele kein Team, welches eine negative Formpunktbilanz, weniger als 3 Siege in der Form und ein negatives durchschnittliches S/N-Verhältnis hat und nicht in mindestens drei Kategorien besser ist als sein Gegner. Gleichstände werden neutral gewertet.

Sekundär-Werte	Team A	Team B
Form	2-3-1	4-0-2
Durchschnittliche S/N	1.3 : 1.4	1.1 : 1.5
kein Torerfolg	1	4
kein Gegentor	2	0
Formpunkte	-1	-2

Die beiden Punkte, die sich nur auf das Team beziehen, sind erfüllt. Doch ist der Gegner überall noch ein bisschen schlechter, so dass man einen Tipp auf Heimsieg nicht von Grund auf ausschließen muss.

Die Forderung, dass alle Einzelpunkte beim letztgenannten erfüllt sind, ergibt sich aus einer gewissen Ungerechtigkeit für den Favoriten in der Formpunktmatrix. Diese können ja nur Pluspunkte für Siege gegen gleichstarke Teams erhalten. Trotzdem können sie ja schwächeren Gegnern trotzdem weit überlegen sein. Deshalb sollten Sie diese Sekundärpunkte auch nicht überbewerten. Ein vielleicht noch wichtigerer Aspekt bei den Topfavoriten ist der Blick auf die Spiele gegen ähnliche Gegner. Weil dort oft die Spielausrichtung (z.B. im Tabellenkeller wird 90 Minuten lang gemauert, aber mit Lücken. Im Mittelfeld der Tabelle defensiv aber geschickt) ähnlich ist und so mehr Aufschluss bietet.

Schauen wir uns nun die Sekundär-Werte für unser beobachtetes Spiel an:

Sekundär-Werte	Dortmund	Gladbach
Form	1-0-5	1-3-2
Durchschnittliche S/N	1 : 1.6	2 : 2
kein Torerfolg	3	3
kein Gegentor	0	3
Formpunkte	-7	+4

Dortmund erfüllt alle drei Punkte, die zum Nichttippen führen können und kann auch in keinem Punkt die Gladbacher übertrumpfen. Damit ist an dieser Stelle ein Tipp Auf den BVB durch unsere Regeln ausgeschlossen. Ob es für einen Tipp Richtung Gladbach reicht oder ob wir das Spiel ganz auslassen müssen, wird sich zeigen.

Weitere Einflussfaktoren

Wetter:

Kein Regen in den Tagen vor dem Spiel und für Februar
frühlingshafte 12°C sollten ein Spiel bringen, auf dem beide
Teams ihr aktuelles Niveau abrufen können sollten. Eine
Anpassung ist nicht nötig.

Kader:

Bei Dortmund ist Dédé nach der 5. Karte gesperrt.
Er lief bisher in allen 21 Spielen auf und ist damit als
unumstrittene Stammkraft in der Abwehr zu sehen. In den
Spielen war er an 4 von 24 Toren beteiligt und ist bei den
Kicker-Durchschnittsnoten im oberen Mittelfeld. Dies ist auf
jeden Fall ein Pluspunkt für Gladbach.

Sonstiges:

Gladbach hat am 31.01.2007 den Trainer gewechselt und
seitdem in 2 Spielen 4 Punkte geholt, wobei kein
Gegentreffer hingenommen werden musste. Es scheint somit
Anzeichen für eine Reaktion der Mannschaft zu geben.
Dieser Fakt macht den Auswärtssieg sicherlich nicht

unwahrscheinlicher. Doch ist natürlich unsicher, ob dies nicht mit der alltäglichen Schwankung der Tagesform zu tun hat.

Beide positiven Punkte wollen wir mit einer Senkung unserer Quote um 0.2 in unsere Berechnung einfließen lassen. Dortmund werten wir nur mit 0.05 auf, denn es ist schon eine gewisse Unsicherheit in der Auswirkung von Trainerentlassungen vorhanden, so dass wir unsere Quote besser konservativ anpassen.

Quoten	Dortmund	Unent.	Gladbach
Ausgang	2.46	3.50	4.24
Dir. Vergleich	2.12	3.84	3.74
Ausfälle & Sonstiges	2.17	3.84	3.54

Urteil:

Damit stehen unsere Quotenforderungen fest. Dortmund ist als Tipp durch unsere Auswahlkriterium ausgeschlossen worden. Die anderen beiden sind nun zu überprüfen.

Wenn Sie sich wundern, warum die Unentschiedenquote bei der letzten Anpassungsrunde gar nicht berücksichtigt wurde. Ich werde nie ein Unentschieden alleine tippen, denn im Sport geht es immer nur ums Gewinnen. Klar spielt nicht jede Mannschaft bedingungslos auf Sieg. Aber auch wenn sie mit einem Punkt zufrieden ist, würde sie nichts gegen die volle Punktzahl einwenden. Ausgenommen sind hier Sonderfälle, die den letzten Spieltag betreffen, wo unter Umständen beiden Teams 1 Punkt zum Klassenerhalt oder ähnlichen Zielsetzungen reicht. Wie diese Möglichkeit das Unentschieden einzubauen genutzt werden kann, werde ich auch gleich erklären.

Doch nun einfach mal ein Blick auf die angebotenen Quoten.

Zunächst einmal die Durchschnittsquoten vieler Buchmacher, wie sie auch schon weiter oben zu sehen waren, im Vergleich zu unseren geforderten Quoten.

Dortmund	Unentschieden	Gladbach
1.77	3.35	4.42
2.17	3.84	3.54

Auf den ersten Blick erkennen Sie sicherlich, dass ein Tipp auf Gladbach nach unseren Berechnungen vorteilhaft ist.

Damit Sie einmal die Rechnung komplett für alle Ereignisse sehen, um zu sehen wie wir die Quotenabweichungen vergleichbar machen können, führe ich sie nachfolgend aus:

Dortmund:

$$\frac{1}{2.22} - \frac{1}{1.77} = -0.115$$

Unentschieden

$$\frac{1}{3.84} - \frac{1}{3.35} = -0.038$$

Gladbach

$$\frac{1}{3.54} - \frac{1}{4.42} = +0.056$$

Diese Werte entsprechen unseren Abweichungen der Wahrscheinlichkeit zu denen des Buchmachers, also genau unserem am Anfang definierten Begriff des Value. Positive Zahlen sagen uns, dass wir dem Ereignis eine höhere Chance zum Eintreffen geben, als die angebotene Quote es sagt, bei negativer genau das Gegenteil.

Bevor Sie nun zum Buchmacher rennen und eine Wette auf Gladbach platzieren, möchte ich Ihnen kurz verdeutlichen, welche Möglichkeiten Sie zur Wettabgabe haben auf die Sie in Richtung Gladbach setzen und was zu beachten ist.

5 Wettarten zur Siegwette

Dreierweg (1X2)

Dies dürfte die bekannteste Form sein. Sie ist die Basis jedes Wettangebotes und bietet die Möglichkeit auf Sieg , Unentschieden oder Niederlage des Heimteams zu wetten. Dabei werden für jedes Ereignis Quoten angeboten. Stimmt die Prognose, wird nach Muster aus Kapitel 1 ausgezahlt, sonst verlieren Sie ihren Einsatz vollständig.

Doppelte Chance (1x, x2)

Sie decken hiermit das Unentschieden und den Sieg eines Teams mit ab. Die Wette besitzt eine feste Quote, die gezahlt wird, unabhängig ob das Spiel unentschieden oder siegreich für Ihr Team ausgeht.

Asian Handicap (AHC 0:0, 0.25:0, 0.5:0, 0.75:0, 1:0)

Bei dieser Wettform gibt es das Unentschieden (im Gegensatz zur europäischen Wettform des Handicaps) nicht.

Wetten Sie ein AHC 0:0 und das Spiel geht unentschieden aus, bekommen Sie Ihren Einsatz vollständig zurück (Achtung: Manche Buchmacher zahlen nach AGB's nur 90% für unentschieden aus. Diese sollten Sie für diese Wettform meiden). Ansonsten funktionieren die Handicaps aber ganz normal. Das heißt: Ein Team bekommt einen Torvorsprung, von der Anzahl die im Wettangebot angegeben ist.

Die Viertel Asians entstehen aus einer Kombination der oben angegebenen. Dabei wird je 50% des Einsatzes auf eine Form, der Rest auf die andere Form verteilt und getrennt ausgewertet.

Verteilung des Einsatzes	0:0	0:0.5	0:1	0:1.5
0:1/4	50%	50%		
0:3/4		50%	50%	
0:1 1/4			50%	50%

Ein Einsatz von 10€ bei AHC 0:3/4 und ein Ergebnis von 1:0 für den Favoriten, den Sie getippt haben, bedeutet bei Quote 1.8:

50% des Einsatzes auf 0:0.5 haben Sie gewonnen.

5€ x 1.8 = 9€

50% des Einsatzes auf 0:1 erhalten Sie zurück

5€ x 1.0 = 5€

10€ Einsatz führten also bei dieser Wette zu einer Auszahlung von 14€.

Schauen wir uns doch unsere Wettmöglichkeiten an. Wir gehen nun einmal davon aus , dass Sie im Moment nur ein Konto bei einem Buchmacher haben und auf seine Quotierungen angewiesen sind. Ich nehme mir aus der großen Liste einfach einen großen Buchmacher heraus

Folgende Angebote sind auf seiner Seite zu finden:

Quoten	Dortmund	Unent.	Gladbach
1 X 2	1.83	3.40	4.10
AHC 0:1/2	1.90		2.03
AHC 0:3/4	2.20		1.765

Ein 0:0.5 Handicap entspricht der Doppelten Chancen. Wir müssen also nun unsere Wahrscheinlichkeit berechnen, dass das Spiel entweder unentschieden oder mit einem Auswärtssieg endet.

Dazu addieren wir unsere Wahrscheinlichkeiten für beide Ausgänge.

Die Wahrscheinlichkeit lässt sich ja bekanntlich aus der Quote entnehmen.

%-Unentschieden

$$\frac{1}{3.84} = 0.26$$

%-Auswärtssieg

$$\frac{1}{3.54} = 0.282$$

Das die Wahrscheinlichkeit, dass ein Ereignis von beiden eintritt ist demnach 26% + 28.2% = 54.2%

Das zurückübersetzt in die Quote heißt

$$\frac{1}{0.542} = 1.85$$

Dies ist also die Quote, die wir für das AHC 0:0.5 fordern werden.

Während diese Berechnung zwangläufig erfolgte, müssen wir beim 0:3/4 etwas Fingerspitzengefühl beweisen.

Machen wir uns eben einmal klar, was dieses Handicap bedeutet. Speziell für unseren Tipp auf den Außenseiter 0:3/4 ist die jeweilige 50-50 Verteilung des Einsatzes auf

0:0.5 und 0:1 AHC. Unterschiedliche Ausgänge des Spiels haben folgenden Einfluss auf die Wette:

Ergebnis	Auszahlung
Dortmund gewinnt mit mind. 2 Toren Vorsprung	Wir verlieren beide Teilwetten
Dortmund gewinnt mit 1 Tor Vorsprung	Wir gewinnen die AHC 0:0.5 Wette voll und bekommen bei der AHC 0:1 Wette den Einsatz zurück. Wir bekommen also 50% unseres Reingewinns bzw als entsprechende Quote für den Gesamteinsatz $\left(\frac{Quote-1}{2}\right)+1$
Unentschieden	Wir gewinnen beide Teilwette
Gladbach gewinnt	Wir gewinnen beide Teilwette

Nun haben wir zwar unsere geforderte Quote für den Heimsieg berechnet und können daraus die Wahrscheinlichkeit berechnen. Doch eine Möglichkeit zur Unterscheidung wie hoch dieser Sieg ausfällt, ist dort nicht enthalten. Diese müssen wir schätzen. Doch bevor wir ins Blaue hineinraten, sollten wir uns die Values der anderen Wettformen anschauen, um davon ausgehend dann zu sehen, wie unwahrscheinlich ein Sieg mit 2 oder mehr Toren Vorsprung sein muss, damit wir diese Wettart spielen.

Value Auswärtssieg

$$\frac{1}{3.54} - \frac{1}{4.10} = +0.039$$

Value AHC 0:0.5 (Doppelte Chance)

$$\frac{1}{1.85} - \frac{1}{2.03} = +0.048$$

Also würden wir im Moment das Asian Handicap vorziehen. Ein knappes Prozent mehr Value sind ein klares Indiz. Doch auch bei einem minimal schlechteren aber natürlich immer noch positiven Value (bis −1%), würde ich eher zu der sichereren Variante raten, die das Unentschieden auf unsere Seite zieht. Auch wenn alles hochmathematisch und wissenschaftlich aussieht, unsere Berechnungen sind alle auf Annahmen gestützt, die eher empirisch belegt sind bzw. sich in meiner jahrelangen Karriere auf dem Wettmarkt als anwendbar gezeigt haben. Dennoch steckt eben ein großes Maß an Unsicherheit dahinter, vor allem was den Wert des Unentschieden angeht, denn Faktoren können eine Mannschaft begünstigen oder negativ wirken. Aber was begünstigt nun exakt ein Unentschieden, außer dass Sie den Sieg eines Teams als so unwahrscheinlich einschätzen, dass das Unentschieden praktisch schon das beste Ergebnis für ein Team darstellt? Nebeneffekt ist eben auch, dass Sie so lange Niederlagenserien verschmerzen. Das ist zwar in der Theorie des Values grundsätzlich kein Problem, doch die menschliche Psyche, wird dadurch doch sehr in Mitleidenschaft gezogen und dies führt oft zur Abkehr von seinem systematischen Ansatz hin zum blinden Zocken.

Doch nun zu dem etwas komplizierteren AHC 0:3/4
Wie sieht dort eigentlich unsere Quote aus?
Gehen wir einmal von einem Einsatz von 1€ aus.
Füllen wir unsere Tabelle nun mal mit Werten für Wahrscheinlichkeit und Auszahlung.
Gehen wir zunächst einfach mal davon aus, dass der Sieg mit einem Tor genau so wahrscheinlich ist, wie alle Siege mit höherem Abstand.

Ausgang	Wahrscheinlichkeit		Auszahlung
Dortmund gewinnt mit mind. 2 Toren Vorsprung	???	45.8	0
Dortmund gewinnt mit 1 Tor Vorsprung	???		1.3825
Unentschieden	26.0		1.765
Gladbach gewinnt	28.2		1.765

Wir benötigen zunächst die Durchschnittsquote bei Gewinn. Dies berechnen wir mit der Formel

$$\frac{p_1}{p_1 + p_2 + p_3} \times Q_1 + \frac{p_2}{p_1 + p_2 + p_3} \times Q_2 + \frac{p_3}{p_1 + p_2 + p_3} \times Q_3$$

Die Variablen entsprechen folgenden Werten:

p1 = 28.2%

p2 = 26%

p3 = 22.9% (45.8 / 2 für den Dortmund-Sieg mit 1 Tor)

Q1 = 1.765

Q2 = 1.765

Q3 = 1.3825 (Wette auf 0:1 wird storniert)

Einsetzen liefert uns einen Wert von 1.651

Das heißt das Asian 0:3/4 ist im Grunde äquivalent zu einer normalen Wette auf eine Quote von eben 1.651 wo es nur die Möglichkeit von vollem Gewinn oder Verlust gibt.

Diese Wette gewinnen wir zu 77.1% (p1+ p2 +p3) und verlieren zu 22.9%.

In unserer Valuebetrachtung heißt das:

$$0.771 - \frac{1}{1.651} = 0.165$$

also über 16% Value! Dies ist auf jeden Fall schon mal ein Fortschritt zu unseren vorherigen Ergebnissen, die höchstens im mittleren einstelligen Bereich lagen.

Doch gründet dieser Value-Wert auf der Annahme, dass der Dortmundsieg zu 50% nur mit einem Tor Vorsprung ausfällt. Ich habe die Berechnungen für alle Verteilungen im Abstand von 10% gemacht und die Entwicklung der Value-Werte beobachtet.

Prozentuale Verteilung der Dortmund-Siege mit 1 Tor zu denen mit mehr als 1 Tor

Verteilung	Durchschnittl. Auszahlungsquote	Value
0:100	1.765	-0.024
10:90	1.735	+0.011
20:80	1.710	+0.048
30:70	1.688	+0.087
40:60	1.668	+0.126
50:50	1.651	+0.165

Sie sehen also, dass obwohl die Durchschnittsquote sinkt, dies durch die erhöhte Wahrscheinlichkeit des Eintreffens mehr als ausgeglichen wird. Wo ist nun aber der Punkt, der überprüft werden muss, um zu entscheiden, ob wir diese Wette eingehen. Wie eingangs erwähnt müssen wir natürlich erst einmal überhaupt einen positiven Value haben. Das wäre ab 10:90 der Fall. Doch wollen wir ja zumindest den gleichen Value haben, wie bei den anderen Möglichkeiten. Die 5% sind in etwa das, was wir bisher erreicht hatten. Können wir nun also sicher sein, dass das mehr als 20% der Dortmund-Siege mit genau einem Torvorsprung ausgehen, so ist dies mit Sicherheit unsere beste Wettalternative.

Schauen wir uns dazu zunächst einmal alle Dortmund-Siege dieser Saison an.

Spiel	Ergebnis
Dortmund - München	3:2
Dortmund - Wolfsburg	1:0
Bremen - Dortmund	1:3
Cottbus - Dortmund	2:3
Dortmund - Hamburg	1:0
Stuttgart - Dortmund	1:3

Dann sehen wir hier: Zweimal gelang Dortmund ein Sieg mit zwei Toren Vorsprung. Bei 6 Siegen insgesamt ist die Quote sogar noch unter 50%.

Aber vielleicht ist Gladbach ja eine Schießbude. Hier die Niederlagen dieser Saison.

Spiel	Ergebnis
Cottbus - Gladbach	3:1
Bochum - Galdbach	2:0
Stuttgart - Gladbach	1:0
Gladbach - Hannover	0:1
Gladbach - Schalke	0:2
Frankfurt - Gladbach	1:0
Gladbach - Leverkusen	0:2
Berlin - Gladbach	2:1
Bremen - Gladbach	3:0
Aachen - Gladbach	4:2
Nürnberg - Gladbach	1:0

Von den 11 Niederlagen in dieser Saison waren 6 mit mehr als einem Tor Vorsprung. Auswärts liegt die Quote bei 4 von 8.

Wir können ohne schlechtes Gewissen von unserer Ausgangshypothese des 50:50 überzeugt sein.
Der Vergleich der Values zeigt eindeutig unseren Favoriten.

Wettart	Value
1 X 2	+0.039
Doppelte Chance	+0.048
AHC 0:3/4	+0.165

Doch Value allein ist noch nicht ganz entscheidend, denn mit abnehmender Quote muss der Value größer werden, damit dieser am Ende einen Vorteil gegenüber einem kleinen Value bei großer Quote besitzt.

Das werden wir mit dem Erwartungswert des Reingewinns auf jeden eingesetzten Euro der jeweiligen Wettarten überprüfen.

Der Value ist ja der prozentuale Vorteil gegenüber der Wahrscheinlichkeit, von dem der Buchmacher ausgeht.

Quoten	Gladbach
1 X 2	4.10
AHC 0:1/2	2.03
AHC 0:3/4	1.651

Um nun unsere Wahrscheinlichkeit zu berechnen, nehmen wir einfach die Wahrscheinlichkeit des Buchmachers und addieren unseren Value. Das bedeutet für die 1X2-Wette:

Wir gehen von 0.2439 + 0.039 = 0.2829 Siegwahrscheinlichkeit aus.

In 28.29% der Fälle erhalten wir also einen Reingewinn von 3.10 Euro. In 71.71% der Fälle müssen wir einen Verlust von 1 Euro verbuchen. Insgesamt gehen wir mit 0.16 Euro Gewinn pro Euro Umsatz heraus.

Für die doppelte Chance gilt:

$$\frac{1}{2.03} = 0.4926$$

Unsere Wahrscheinlichkeit: 0.5406
Erwartungswert: 0.10

Das ¾-Asian Handicap liefert

$$\frac{1}{1.651} = 0.6057$$

Unsere Wahrscheinlichkeit: 0.7707
Erwartungswert: 0.27

Damit können wir unsere Tabelle erweitern:

Wettart	Value	Erwartungswert
1 X 2	+0.039	+0.16
Doppelte Chance	+0.048	+0.10
AHC 0:3/4	+0.165	+0.27

Wir würden in diesem Fall also eine Wette auf Gladbach im Asian Handicap wagen. Ein Vorteil von über 15% und mehr als 20% Rendite vom Umsatz lässt uns einen sehr großen Spielraum. Selbst wenn wir Kleinigkeiten wie den Trainerwechsel völlig falsch eingeschätzt hätten, würde dieser Value nicht sofort zerstört werden.

Aber Sie sehen auch, wie wichtig das Wissen um diese Wettmöglichkeiten ist, denn allein dadurch konnten Sie ihren Vorteil, den Sie durch die langwierigen Rechnerei erreicht haben, ohne große Probleme verdoppeln. Und genau um diese Problematik soll es im nächsten Abschnitt gehen, bevor wir uns dann fragen, wie viel Geld von unserem Konto wir denn nun setzen sollten.

6 Buchmachervergleich

Die vielleicht leichteste Form der Erhöhung ihrer
Profitabilität.

Wie im Vorwort schon erwähnt, gibt es unzählige
Buchmacher im Internet. Dabei unterscheiden sie sich in
unterschiedlichsten Formen:

♦ Wettangebot in der Breite (Sportarten, Ligen)
♦ Wettangebot in der Tiefe (Asian Handicap, Spezialwetten)
♦ Quotenschlüssel (vgl. Marge)
♦ Auswertungskriterien (Aufgabe eines Spielers beim
Tennismatch)
♦ Einzahlungsoptionen
♦ Auszahlungsgebühren
♦ Bonusangebote
♦ Seriosität
♦ Limitierung von Gewinnern

Es braucht einfach die Erfahrung, um sich mit der Zeit einen
guten Überblick über die Szene zu beschaffen. Um Ihnen zu
helfen gibt es im Internet einige Anlaufstellen für
Buchmacherrankings.

So das amerikanische *sportsbookreview.com* oder im größten deutschsprachigen Wettportal Wettpoint.com das Ranking unter *forum.wettpoint.com/fr_bookierating.php*

Dort erhalten Sie Infos und Meinungen zu den meisten Buchmachern. Es ist bis zu einem gewissen Maß auch Seriosität garantiert. Jedenfalls sind dort die „Großen" der Branche vertreten.

Worauf ich aber noch hinaus möchte ist, dass Ihnen klar wird, dass es Quotenunterschiede gibt, die zum Teil recht drastisch sind und dass Sie diese Quelle des Profits nicht ungenutzt lassen sollten.

Der Value hängt ja neben Ihrer errechneten Quote auch von der des Buchmachers ab, je höher die ist, umso besser für Sie.
Auf der nachfolgenden Seite sehen Sie einmal die Quotenangebote einiger Buchmacher. Die Quoten wurden so wirklich angeboten. Nur zur Vermeidung von Schleichwerbung habe ich die Namen anonymisiert.

Buchmacher	1	X	2
A	1.70	3.40	5.00
B	1.70	3.40	4.80
C	1.75	3.30	4.75
D	1.70	3.60	4.75
E	1.85	3.50	4.50
F	1.80	3.30	4.50
G	1.80	3.50	4.50
H	1.85	3.40	4.50
I	1.85	3.35	4.45
J	1.80	3.40	4.45
K	1.75	3.40	4.40
L	1.80	3.35	4.40
M	1.85	3.50	4.40
N	1.85	3.50	4.40
O	1.85	3.50	4.40
P	1.81	3.40	4.38
Q	1.83	3.40	4.10
R	1.80	3.40	4.10
S	1.90	3.35	4.05

Sie sehen also wie groß die Schwankungsbreite ist.

Der Wahrscheinlichkeitsunterschied zwischen A und S bei einer Wette auf den Auswärtssieg von Gladbach beträgt demnach

$$\frac{1}{4.05} - \frac{1}{5.00} = 0.047$$

Das ist genau der Valuevorteil, den wir durch unsere Estimations erzielt haben. Nur hier reicht ein Besuch von Seiten wie oddsoddsodds.com, betbrain.com oder www.tip-ex.com, um diese Quotenunterschiede in ein paar Klicks zu finden.

Sie werden sicherlich nicht immer die bestmögliche Quote erhalten können, aber eine Gruppe von einer Handvoll Buchmachern bei denen Sie eine große Auswahl für Sie relevanter Wettarten haben und die beständig über den Durchschnitt quotieren, sollte möglich sein.

Dazu sollten Sie sich auch intensiv mit dem Thema der Wettbörse auseinandersetzen. Hier ist als größter Vertreter Betfair zu nennen, der vor Jahren nur bei den größten Kennern des Marktes bekannt war, aber nun auch in Deutschland Fuß fassen will und sein gesamtes Angebot (inkl. Service) auch in deutscher Sprache anbietet.
Auf der einen Seite werden Sie die Möglichkeiten und die Quoten begeistern. Doch wie überall gilt: Es gibt nichts geschenkt.

Diejenigen unter Ihnen, die sich schon damit beschäftigt haben, möchte ich kurz auf folgende Märchen hinweisen, die immer wieder verbreitet werden:

Durch eine Wettbörse werden Sie zum Buchmacher

Gut, Sie haben die Möglichkeit der Lay-Wette (Sie wetten GEGEN ein Ereignis) und Sie können eine Quote anbieten. Das sind erst einmal Möglichkeiten, die die Buchmacher haben. Doch ist der entscheidende Unterschied: Sie befinden sich im Wettbewerb. Bietet auch nur ein anderer User eine besseres Angebot an, wird Ihre Quote nicht mehr zuerst bedient. Dadurch wird sich in liquiden Märkten zum Spielbeginn hin ein Markt mit 100% Auszahlungsquote ergeben und genau dies hat der Buchmacher nicht. Er kann auch Quoten unterhalb der Konkurrenz anbieten und wird trotzdem Wetten entgegen nehmen (Stammkunden, uninformierte Wetter, Hobbywetter). Dadurch hat er mit seiner Marge um die 5-10% einen grundsätzlichen Vorteil bei jeder Wette, den Sie sich erst durch die Analyse erarbeiten müssen.

Sicherlich haben Sie in dünneren Märkten die Möglichkeit durch die schlechte Angebotsseite Ihre eigene Marge durchzubringen. Doch wird sich der Einsatz den Sie generieren so klein sein, dass damit kaum ein nennenswertes Einkommen generiert werden kann.

Wettbörsen bieten immer 20% bessere Quoten

Sicherlich ist der Aufschwung der Wettbörsen insgesamt ein deutlicher Vorteil für den Sportwetter. So sind die Quoten so gut wie nie. Doch gibt es eben auch kaum Ausreißer von falschen Quotierungen, denn dort sind tausende Wetter, die alle Informationen dieser Welt in die Quote einfließen lassen. Da ist der Vorteil, dass ein Buchmacher mal daneben liegt schon viel größer. Außerdem müssen Sie als Anfänger bei Betfair in vielen Märkten 5% auf ihre Reingewinne zahlen, so dass es bei überwetteten Favoriten schon mal vorkommen kann, dass Sie bei vielen Buchmachern eine bessere Netto-Quote erhalten können.

Doch vor allem bei Außenseitern sind die Quoten bei den Wettbörsen oft am besten.

Deshalb sollte dort immer der ein oder andere Euro liegen.

7 Wettform

Nun haben Sie an einem Wochenende vielleicht 4-5 Spiele
gefunden, die Ihnen einen soliden Value-Wert versprechen.
Sie kennen vielleicht vom staatlichen Anbieter den
Kombizwang. Diesen empfanden Sie vielleicht oft als
ärgerlich und waren froh, als Ihnen die Möglichkeit in der
Internetwette geboten wurde Einzelwetten abzugeben.
Auch herrscht mehrheitlich die Auffassung Kombiwetten
seien etwas für den Zocker, der aus wenigen Euros auf einen
Schlag vierstellige Gewinne erreichen will. Und der
vermeintliche Profi setzt große Beträge auf einzelne Spiele.
Doch was ist eigentlich der Unterschied zwischen beiden
Formen und wie ist dieser unter dem Begriff des Value zu
bewerten?

Die Einzelwette:

Sie haben ein Spiel auf das Sie wetten.
Ist Ihre Valueberechnung korrekt, werden Sie auf jeden
eingesetzten Euro einen Gewinn verbuchen können.
Nehmen wir an, Sie haben bei einem Spiel, das zwei
Ausgänge haben kann, einen Value von 10% während die
Buchmacher die Wahrscheinlichkeit auf 50-50 einschätzen.
Dann werden Sie halt 60% der Spiele gewinnen und bei
einem Einsatz von 1€ pro Spiel 2€ zurückerhalten und einen

Reingewinn von 1€ realisieren. In 40% der Fälle verlieren Sie 1€.

Erwartungswert:

0.60 x 1 - 0.40 x 1 = 0.20 (Value war 10%)

Nehmen wir an Ihre Wetten haben immer einen der folgenden (realen) Valuewerte, bei gleicher Wahrscheinlichkeit:

+0.1

+0.05

+0.01

-0.06 (Sie würden ja keine negativen Werte bespielen. Aber vielleicht gibt es ja einen Faktor, der in den Modellen unzureichend berücksichtigt wird und deshalb fälschlicherweise einen positiven Value ausgibt)

Dann ergibt sich folgender Erwartungswert

$0.50 + (0.25 \times (0.1 + 0.05 + 0.01 - 0.06)) - [0.50 - (0.25 \times (0.1 + 0.05 + 0.01 - 0.06))] = 0.525 - 0.475 = 0.005$

Kombiwette:

Hier spielen Sie mehrere Spiele gleichzeitig mit einem Einsatz. Die Quote der Kombinationswette entspricht den multiplizierten Einzelquoten der Spiele.

Haben Sie also 4 Spiele zu einer Quote von 2, entspricht die Gesamtquote der Kombination 16 (2 x 2 x 2 x 2).

Was passiert aber mit dem Value? Sie sind im ersten Beispiel davon ausgegangen, dass Sie ein Spiel mit 60%iger Wahrscheinlichkeit vorhersagen können.
Was ist nun Ihre Wahrscheinlichkeit und vor allem Ihr Value der Kombinationswette?

Die Wahrscheinlichkeit, dass Sie alle Spiele richtig tippen liegt bei 0.6 x 0.6 x 0.6 x 0.6 = 0.1296
Der Value beträgt

$$0.1296 - \frac{1}{16} = 0.0671$$

Sie werden also zu 12.96% einen Reingewinn von 15€ erzielen und zu 87.04% einen Verlust von 1€.

Der Erwartungswert beträgt
0.1296 x 15 − 0.8704 x 1 = 1.0736
Er ist also um einiges höher als bei der Einzelwette.

Doch anstatt nun blind alle ihre Wetten in eine große Kombinationswette zu stecken, beachten Sie folgendes:

Je mehr Spiele Sie zusammen spielen, desto unwahrscheinlicher wird das Eintreten der Wette. Je unwahrscheinlicher das Eintreten ist, desto größer wird die Streuungsbreite bis die Wette im Schnitt zum 1. mal eintrifft. Also ein Value auf eine Quote von 200 ist zwar schön, aber unter Umständen haben Sie ein halbes Leben lang nur Verluste. Das wird Sie früher oder später von Ihrem eingeschlagenen Weg abbringen, weil Sie beginnen zu zweifeln und zu verzweifeln.

Ein falsches Spiel macht eben Ihre Wette kaputt. Das ist sehr ärgerlich, wenn Sie mehrere Spiele stundenlang analysiert haben, wollen Sie am Ende sicherlich nicht mit leeren Händen dastehen, obwohl ein Großteil dieser Wetten durchaus richtig war.

Außerdem ist eine Kombinationswette eigentlich nur eine Folge aus Einzelwetten, wobei der Einsatz inklusive Gewinn immer wieder voll auf das nächste Spiel gesetzt wird. Bei Begegnungen die gleichzeitig stattfinden, ist dies natürlich nur Theorie. Aber das ist eigentlich das, was dahinter steckt.

So wie Sie im Falle von Valuewetten diesen Value exponentiell wachsen lässt, so ist dies natürlich im Negativen auch der Fall. Haben Sie also eine schlechte Strategie zur Findung Ihres Values, und das haben die meisten Tipper, werden Sie überproportional schnell verlieren.

Also merken Sie sich, dass Kombinationswetten generell nichts Schlechtes sein müssen und man sie im begrenzten Maß sogar gewinnsteigernd einsetzen kann. Aber Fakt ist, dass die Entscheidung von Einzel- oder Kombinationswette keinen Einfluss auf das Vorzeichens des Values machen kann. Dieser ist entweder da oder nicht.

Für mich ist es aber viel wichtiger, dass ich von jedem Spiel profitieren kann. Nur bei Niedrigquoten mit Valuegehalt sollte man über eine Zusammenlegung nachdenken. Aber freiwillig unter eine Wahrscheinlichkeit 33%, wenn diese durch den Valuegehalt nicht vorgegeben ist, würde ich nicht gehen.

Wenden wir uns nun der Einsatzfindung zu.

8 Wetteinsatz

Nachdem wir nun unsere Wettauswahl getroffen haben, müssen wir uns bei unserer Wettabgabe auch über unseren Wetteinsatz entscheiden. Dies ist das zweite ganz zentrale Feld auf Ihrem Weg zum Wetterfolg.

Welche grundsätzlichen Konzepte haben Sie zur Verfügung:

Flat Betting

Diese Form der Einsatzfindung ist die einfachste. Sie setzen einfach auf jedes Spiel den gleichen Betrag.

Flat-Betting mit Anpassung der Stakegröße an bestimmten Gewinnschwellen

Der Einsatz bleibt über eine gewisse Periode hin gleich. Werden vorher definierte Marken überschritten, wird der Einsatz neu berechnet (z.b alle 1000€ Neuberechnung auf 5% des Kontos)

Staking nach der Eintrittswahrscheinlichkeit

Sie geben auf einer Einheiten-Skala von 1 bis 10 der Wette einen Wert. Dieser wird meistens ohne Valuebetrachtung gebraucht. Dann erhalten die sicheren Niedrigquoten eher die 10 und die unwahrscheinlichen Quoten eher die 1. Der Wert einer Einheit wird vorher festgelegt und kann wie beim Flat-Betting auch angepasst werden.

Progression

Hierbei erhöhen Sie nach Verlusten den Einsatz, um in den nächsten Wetten nicht so viele gewonnene Wetten zu benötigen, um wieder in die Gewinnzone vorzudringen. Diese Steigerung kann steil oder flach verlaufen. Das Musterbeispiel für die steile Progression ist die Martingale bei der Sie bei 2er Quoten immer Ihren Einsatz verdoppeln bis ein Gewinn auftritt.

1 - 2 - 4 - 8 - 16 - 32 - 64 - 128 - 256 - 512

Das sieht natürlich erst einmal gut aus. Denn Sie werden denken: Wer verliert schon 10 Spiele hintereinander? Wenn ich nun mit den tollen Value-Wetten spiele, kann das doch gar nicht passieren.

Schauen wir uns das einmal an. Bei 10% Value haben Sie wieder ihre 60% Eintrittswahrscheinlichkeit.

Ihre Chance also 10 mal hintereinander zu verlieren liegt also bei

$$0.40^{10} = 0.000105$$

das sind 0.01%. Klingt auf den ersten Blick natürlich sehr unwahrscheinlich.

Doch schauen Sie sich folgende Tabelle an:

Anzahl Wetten	p%
1	0.01
5	0.05
10	0.10
100	1.04
1000	9.96
2000	18.92
4000	34.26
6000	46.70
6611	50.01

Dort ist die Wahrscheinlichkeit angegeben nach einer bestimmten Anzahl von Wetten mindestens einmal 10 Spiele in Folge zu verlieren.

Nach 6611 Wetten ist es also wahrscheinlicher , dass Sie mindestens 1 mal gescheitert sind, als dass Sie es verhindern konnten. Wenn Sie pro Monat 100 Wetten setzen, überleben Sie keine 6 Jahre. Für ein Berufsprojekt sicher nicht ausreichend.

Und das passiert Ihnen , obwohl Sie immer Valuewetten spielen.

Liegt ihr Value bei 1% sieht es sogar noch schlechter aus:

Anzahl Wetten	p%
1	0.08
5	0.16
10	0.80
100	7.67
868	50.03
1000	54.99

Hier ist dann schon nach nicht einmal einem Jahr Schicht im Schacht.

Trotzdem hat diese Art des Wettens natürlich auch seinen Reiz. Sie können über einen gewissen Zeitraum hinweg, die Ausschläge der Bilanz ihres Wettkontos gering halten. So haben Sie eine relativ große Wahrscheinlichkeit, dass Sie nach 10 oder 20 Runden eben genau Ihre 20 Euro gewonnen haben. Sie werden zwischenzeitlich vielleicht einmal große Einsätze bringen müssen. Doch am Ende haben Sie halt einen festen Wert mit dem Sie rechnen können.

Wir werden uns noch einer anderen Art der Progression zuwenden, deren Abwandlung wir in unsere Strategie einfließen lassen werden. Nun erst einmal die Vor- und Nachteile der einzelnen Einsatzmöglichkeiten:

Flat-betting

- Geringes Risiko
- sehr langsamer Aufbau des Kontostandes

Einheiten-Einsatz

- Bei richtiger Einschätzung des zu spielenden Einsatzes schnellerer Anstieg des Gewinns
- zu viel Bauchgefühl bei der Einsatzhöhe. Nach Verlusten tendiert man automatisch zu höheren Einsätzen

Starke Progression

- Stetiger Anstieg des Gewinns. Sie sind weniger von der Qualität einzelner Tipps abhängig. Dies führt aber dazu, dass Sie gar nicht mehr so genau auf den

Value schauen, weil es im ersten Moment für Sie unwichtig scheint.

- Kleine Gewinne stehen hohen Verlusten gegenüber, die Sie in den Bankrott führen.

Dieser tritt je nach Value früher oder später aber immer sicher innerhalb Ihres „Wettlebens" auf.

Flache Progression

- Sie haben die Chance die Negativschwankungen zeitlich kurz zu halten. Bei angemessener Progression gehen Sie zwar theoretisch immer noch irgendwann pleite. Doch kann dieser theoretische Zeitpunkt in eine Entfernung gelegt werden, die Sie und Ihre Kinder wohl nicht mehr erleben dürften.

Wir werden uns also mit einer flachen Progression beschäftigen. Es sei aber gesagt, dass Sie hier nur die Schwankungen steuern.

Ein erhöhter Einsatz, solange er Sie nicht in die Bankrottgefahr bringt, ist bei Value-Wetten auch kein Problem, da Sie ja für jeden Euro Einsatz Ihren Gewinn einstreichen.

Doch kann kein System aus einem negativen Value einen positiven machen. Deshalb seien Sie sich immer bewusst, dass unsere ausführliche Besprechung über die Berechnung des Values die Grundvoraussetzung ist, um dieses System anwenden zu können. Am Anfang macht es quasi keinen Unterschied, ob Sie Value-Wetten spielen oder nicht, denn die Progression sorgt dafür, dass Sie auch bei dem Spielen von Negativ-Value trotzdem eine Zeit lang in der Gewinnzone bleiben können. Doch auf lange Sicht hin wird sich der Zufall früher oder später seinen angestammten Teil, je nachdem ob Sie Value spielen oder nicht, sichern.

Wenn Sie das verinnerlicht haben und die Progression nicht als Allheilmittel für den Dummen sehen, der anders nicht gewinnen kann, sondern als Hilfe für den intelligenten Wetter, dann haben Sie eine weitere wichtige Erkenntnis erlangt.

Die Progression mit der ich mich lange beschäftigt habe, ist die sogenannte Labouchere. Sie geht wahrscheinlich auf den britischen Politiker Henry du Pré Labouchère (1831-1912) zurück. Grundprinzip in der einfachen Form ist, zwei Verluste mit einem Gewinn zu tilgen. Ursprünglich wird diese Art vor allem auf den Einfachen Chancen (z.B. Rot / Schwarz) beim Roulette angewendet. Dies ist äquivalent zu Sportwetten mit Quote 2. Wir betrachten nun dieses theoretische Konstrukt, um den Ablauf und die Wirkung dieser Strategie zu verstehen.

Zunächst müssen Sie Ihr Gewinnziel pro erfolgreicher Runde festlegen. Nehmen wir einmal 10 Euro. Diese teilen Sie auf z.B. vier Zahlen (1-2-3-4) auf.

Ihr Einsatz ergibt sich nun aus der Addition der ersten und letzten Zahl in der Reihe.

Gewinnen Sie Ihre Wette, dann streichen Sie die beiden Zahlen. Verlieren Sie, müssen Sie den verlorenen Einsatz an die Reihe anhängen.

nach Gewinn	nach Verlust
2-3	1-2-3-4-5
nächster Einsatz	
5	6

Sie sehen also, dass Sie nur halb so viele Gewinne wie Verluste brauchen, plus die 2 Gewinne um die Anfangsreihe zu tilgen.

Es reicht Ihnen also bei einer Chance von etwas unter 50% (wegen Buchmachermarge) knapp über 33% zu gewinnen, um immer im Gewinn abzuschließen. Allerdings hat dieses System in dieser Form einige Probleme. Einerseits steigen die Einsätze zu Beginn zwar nur leicht. Doch in ungünstigen Fällen, steigen die Einsätze rasant an. Sehen Sie sich einmal folgende Reihe an.

Serie	Einsatz	G/V
1-2-3-4	5	G
2-3	5	V
2-3-5	7	G
3	3	V
3-3	6	V
3-3-6	9	V
3-3-6-9	12	G
3-6	9	V
3-6-9	12	V
3-6-9-12	15	G
6-9	15	V
6-9-15	21	V
6-9-15-21	27	G
9-15	24	V
9-15-24	33	V
9-15-24-33	42	V
9-15-24-33-42	51	G
15-24-33	48	G
24	24	V
24-24	48	V
24-24-48	72	V
24-24-48-72	96	G
24-48	72	V
24-48-72	96	V
24-48-72-96	120	V

Serie	Einsatz	G/V
24-48-72-96-120	144	G
48-72-96	144	V
48-72-96-144	192	G
72-96	168	V
72-96-168	240	V
72-96-168-240	312	G
96-168	264	V
96-168-264	360	G
168	168	V
168-168	336	V
168-168-336	504	G
168	168	G

Sie konnten am Ende zwar wieder den geforderten Gewinn einfahren, doch mussten Sie zwischenzeitlich ein Konto von mehr als 1000 Euro vorhalten, um alle Einsätze spielen zu können und am Ende 10 Euro zu gewinnen.

Zusätzlich unterschieden sich die Einsätze doch sehr stark. Hier sollte man zu Gunsten der Einsatzminderung auf jeden Fall ansetzen.

Wir werden nun also nicht mehr die anschauliche Summe der ersten und letzten Zahl spielen, sondern den Durchschnitteinsatz den wir benötigen, um mit dem 2:1

Verhältnis von Verlusten zu Gewinnen unsere geforderten 10 Euro einzuspielen.

Dazu wenden wir folgende Formel an:

S: Summe der Anfangsreihe + Reinverlust der bisherigen Einsätze

G: Anzahl der gewonnenen Wetten

V: Anzahl der verlorenen Wetten

A: Anzahl der Zahlen in der Ausgangsreihe

Einsatz E:

$$E = \frac{S}{ceil\left(\dfrac{V}{2} + \dfrac{A}{2} - G\right)}$$

Dabei bedeutet ceil(....), dass Sie das Ergebnis in den Klammern immer aufrunden müssen. Also 2.1 wird zu 3. genau wie 4.7 zu 5 wird. Eine 6 bleibt natürlich eine 6. Dieser Einsatz wird nur nach jedem Verlust neu berechnet. Nach einem Gewinn wird der letzte Einsatz wiederholt gesetzt.

Für die ersten Einsätze aus der vorherigen Tabelle heißt das:

V-G	Saldo	Einsatzfindung	Einsatz	G/V
0-0	-10	$\dfrac{10}{ceil\left(\dfrac{0}{2}+\dfrac{4}{2}-0\right)}$	5	G
0-1	-5	Gleicher Einsatz	5	V
1-1	-10	$\dfrac{10}{ceil\left(\dfrac{1}{2}+\dfrac{4}{2}-1\right)}$	7	G
1-2	-5	Gleicher Einsatz	3	V
2-2	-10	$\dfrac{10}{ceil\left(\dfrac{2}{2}+\dfrac{4}{2}-2\right)}$	6	V
2-3	-15	$\dfrac{15}{ceil\left(\dfrac{3}{2}+\dfrac{4}{2}-2\right)}$	9	V
2-4	-22.5	$\dfrac{22.5}{ceil\left(\dfrac{4}{2}+\dfrac{4}{2}-2\right)}$	12	G

Wir sehen also, dass der Gesamteinsatz zu diesem Zeitpunkt schon etwas gesenkt werden konnte. Ziel ist es aber, die Ausreißer bei den Einsätzen zu eliminieren und genau so viel zu setzen wie nötig.

Nun ist eine 1:2 Tilgung zwar meist recht schnell, doch eben noch zu steil. Die Bankrottgefahr ist einfach zu groß. Je flacher wir aber die Progression wählen, umso länger werden die Serien im Durchschnitt sein, bis wir die Folge mit Gewinn beenden können.

In meiner mehrjährigen Testphase hat sich das 2:3 Verhältnis am besten bewährt.

Das können wir schnell in unsere Einsatzberechnung einbauen. Die Verluste müssen einfach mit 2/3 multipliziert werden.

$$E = \frac{S}{ceil\left(\dfrac{2(V + A)}{3} - G \right)}$$

Soweit so gut. Doch sind wir jetzt immer von Wetten mit genau der Quote 2 ausgegangen. Nun wollen wir uns ja nicht so sehr festlegen und auch mal eine 1.5 oder 3.5 Quote spielen. Wie können wir das bewerkstelligen?

Zunächst muss uns klar werden, was wir mit der Formel eigentlich berechnen. Wir teilen offensichtlich unseren noch zu erzielenden Gewinn auf eine Anzahl von Wetten auf. Diese ergibt sich aus der Anzahl von gewonnenen Wetten, die noch nötig sind, um unser angestrebtes Verhältnis zu erreichen. Wollen wir also mit z.B. jeweils 40% gewonnenen Wetten unsere eine Serie abschließen, und haben zu diesem Zeitpunkt eine Bilanz (mit der gedachten 0-4 Bilanz der Anfangsreihe) von 2-11, so bräuchten wir, wenn wir ab jetzt nur noch gewinnen, drei Spiele. Also teilen wir den Verlust eben durch drei.

Nun haben wir aber unterschiedliche Quoten. Dann müssen wir uns überlegen, was das für die einzelnen Faktoren für Auswirkungen hat.

Die G-V-Bilanz muss sicherlich modifiziert werden. Bisher wurde mit jedem Sieg der Wert für G eins hochgezählt. Genau das selbe im Verlust für V
Dies ist für die Quote 2 auch legitim, da dort ein Gewinn auch genauso wahrscheinlich ist wie ein Verlust. Bei Quote 4 sieht das aber schon anders aus. Hier ist die Wahrscheinlichkeit zu gewinnen nur halb so hoch. Also ist es so, dass dort ein richtiger Tipp dort äquivalent zu 2 richtigen Tipps zu Quote 2 ist.
Da wir als Bezugssystem die Quote 2 behalten wollen, müssen wir also jedes mal die Anteile, die eine Quote eventuell zur G-V Bilanz hinzufügt, berechnen.

Wir schauen dabei einfach, wie viel Reingewinn wir bei siegreicher Quote q machen und berechnen, wie viele

Wetten wir zur Quote 2 gewinnen müssten um genau diesen Gewinn zu erzielen.

Der Wert, der bei einem Sieg dem G hinzuaddiert werden muss, ergibt sich also über den Reingewinn der Quote q. Da wir mit der 2er Quote 1 Einheit Reingewinn erzielen, muss man durch 1 teilen, was am Ergebnis nichts ändert:

$$G_+ = \frac{(q-1)}{1} = (q-1)$$

Bei den Verlusten spielt die Quote keine Rolle. Dort ist immer der gesamte Einsatz verloren. Die unterschiedlichen Wertigkeiten sind schon alleine in G enthalten.

Quote	Wert von G erhöhen im Gewinnfall	Wert von V erhöhen im Verlustfall
1.20	0.20	1.00
1.50	0.50	1.00
1.70	0.70	1.00
2.00	1.00	1.00
2.50	1.50	1.00
4.00	3.00	1.00
5.00	4.00	1.00

Wenn wir unsere Einsatzberechnung anschauen und den Zähler betrachten, sehen wir dort nun wie viele Wetten wir zu Quote 2 hintereinander gewinnen müssen, um die Reihe zu beenden:

$$ceil\left(\frac{2(V+A)}{3} - G\right)$$

Nun wetten wir aber z.B. zu Quote 4. Wir können dort in einer Wette das Gleiche gewinnen, wie drei 2er Quoten hintereinander.

Also müssen wir dort noch mit multiplizieren, was uns zur endgültigen Formel zur Bestimmung unseres Einsatzes führt. Ich habe noch keine Niederschrift einer ähnlichen Einsatzstrategie gefunden und da man ja mit jeder Buchveröffentlichung auf die kleine Chance hofft, ein grundlegendes Werk zu schaffen und es wirklich schade wäre, wenn jemand später durch Kopie zu Ruhm und Ehre gelangt, werde ich sie die Tiroti-Formel taufen:

$$E = \frac{S}{ceil\left[\left(\frac{2(V+A)}{3} - G\right)\right]} \times \frac{1}{(q-1)}$$

Und auch wenn Sie nicht alles sofort nachvollziehen konnten, ist dies kein Beinbruch. Wichtig ist nur, dass Ihnen die Formel nun zur Verfügung steht.

Nun werden wir uns einmal eine Reihe von Wetten eines Wettpoint-Users ansehen. Diese wurden also real gespielt. Uns interessieren jetzt aber nicht die getippten Spiele, sondern nur Quote und Ergebnis des Tipps. Mit diesen Spielen möchte ich einmal exemplarisch eine Anzahl von Wetten durchgehen, um Ihnen die Berechnungen noch einmal in der Praxis zu zeigen und wie Sie am besten Buch über Ihre Wetten führen.

Dabei habe ich bewusst einmal einen schwierigeren Verlauf gewählt, der zeigt wie die sanfte Progression es schafft diese Wetten, die im Flat-Betting Verluste erzielen, doch noch ins Plus zu bringen.

Folgende Aufteilung wird gewählt:

Saldo	V	G	Quote	Einsatz	G/V
(1)	(2)	(3)	(4)	(5)	(6)

(1)

Hier setzen Sie in der ersten Zeile Ihren gewünschten Gewinn pro Serie ein. Danach ziehen Sie im Verlustfall die Einsätze ab oder im Gewinn Ihren Reingewinn dazu. Wenn Sie auf eine Zahl größer gleich 0 kommen, ist die Serie erfolgreich beendet.

(2)

Hier zählen Sie die Verluste einfach hoch

(3)

Hier zählen Sie die Gewinne gemäß unserer Formel (q-1)
hoch.

(4)

Das ist die Quote auf das Ereignis, welches Sie als nächstes
setzen

(5)

Setzen Sie den nach der Formel berechneten Einsatz ein.
Hier finden Sie die benötigten Werte:

S steht in (1)
V in (2)
A über der Tabelle
G in (3)
q in (4)

(6)

Im Gewinnfall tragen Sie ein G ein. Im Verlustfall ein V und
nehmen Sie die benötigten Eintragungen von (1) , (2) und
(3) in der nächsten Zeile vor.

Saldo	V	G	Quote	Einsatz	G/V
-10.00	0	0	1.909	3.67	V
-13.67	1	0	2.07	3.19	V
-16.86	2	0	1.35	12.04	G
-12.65	2	0.35	1.55	5.75	G
-9.49	2	0.90	1.45	5.27	G
-7.12	2	1.35	1.85	2.79	V
-9.91	3	1.35	1.75	3.30	V
-13.21	4	1.35	1.65	5.08	G
-9.91	4	2.00	1.20	12.39	G
-7.43	4	2.20	1.20	9.29	G
-5.57	4	2.40	1.35	5.30	G
-3.72	4	2.75	1.40	3.10	V
-6.82	5	2.75	1.25	6.82	G
-5.12	5	3.00	1.85	2.01	V
-7.13	6	3.00	1.75	2.38	G
-5.35	6	3.75	1.90	1.98	V
-7.33	7	3.75	2.02	1.80	G
-5.49	7	4.77	1.98	1.87	V
-7.36	8	4.77	1.65	2.83	V
-10.19	9	4.77	1.55	4.63	V
-14.82	10	4.77	1.55	5.39	V
-20.21	11	4.77	1.98	3.44	G
-16.84	12	5.75	2.01	3.33	V
-20.17	13	5.75	1.83	4.86	V
-25.03	13	5.75	1.80	5.21	G

Saldo	V	G	Quote	Einsatz	G/V
-20.86	13	6.55	1.52	8.02	V
-28.88	14	6.55	1.91	5.29	G
-24.07	14	7.46	1.91	5.29	G
-19.26	14	8.37	2.00	4.82	V
-24.08	15	8.37	1.95	5.06	G
-19.26	15	9.32	1.83	5.80	V
-25.06	16	9.32	1.83	6.04	V
-31.10	17	9.32	1.90	6.91	G
-24.88	17	10.22	1.90	6.91	G
-18.66	17	11.12	2.70	3.66	V
-22.32	18	11.12	1.93	6.00	V
-28.32	19	11.12	1.91	6.22	G
-22.66	19	12.03	1.80	7.08	G
-17.00	19	12.83	1.65	8.72	G
-11.33	19	13.48	1.95	5.96	V
-17.29	20	13.48	1.90	6.40	V
-23.69	21	13.48	1.95	6.23	V
-29.92	22	13.48	1.83	9.01	G
-22.44	22	14.31	1.98	5.72	G
-16.83	22	15.29	2.66	3.38	V
-20.21	23	15.29	3.15	3.13	V
-23.34	24	15.29	1.95	6.14	V
-29.48	25	15.29	1.90	6.55	G
-23.59	25	16.19	1.90	6.55	G
-17.70	25	17.09	1.93	6.34	V

Saldo	V	G	Quote	Einsatz	G/V
-24.04	26	17.09	1.90	8.90	G
-16.03	26	17.99	1.91	5.87	V
-21.90	27	17.99	1.91	8.02	V
-29.92	28	17.99	1.90	8.31	V
-38.23	29	17.99	2.00	7.65	V
-45.88	30	17.99	1.90	10.20	G
-36.70	30	18.89	1.90	10.19	V
-46.89	31	18.89	1.94	9.98	G
-37.51	31	19.83	1.98	9.57	V
-47.08	32	19.83	1.97	9.71	V
-56.79	33	19.83	1.98	11.59	V
-68.38	34	19.83	1.83	13.73	G
-56.98	34	20.66	1.98	11.63	V
-68.61	35	20.66	1.91	12.57	V
-81.18	36	20.66	1.95	12.21	G
-69.58	36	21.61	1.93	12.47	V
-82.05	37	21.61	1.84	16.28	V
-98.33	38	21.61	1.95	14.79	V
-113.12	39	21.61	1.93	15.20	G
-98.98	39	22.54	1.99	14.28	V
-113.26	40	22.54	1.80	20.23	G
-97.08	40	23.34	2.06	15.26	V
-112.34	41	23.34	2.06	15.14	V
-127.48	42	23.34	2.00	15.94	G
-111.54	42	24.34	2.13	14.10	G

Saldo	V	G	Quote	Einsatz	G/V
-95.61	42	25.47	2.95	8.17	V
-103.78	43	25.47	2.13	15.31	G
-86.48	43	26.60	2.00	17.30	G
-69.18	43	27.60	1.83	20.84	V
-90.02	44	27.60	1.90	20.00	V
-110.02	45	27.60	1.99	18.52	G
-91.69	45	28.59	1.83	22.09	G
-73.36	45	29.42	1.93	19.72	G
-55.02	45	30.35	1.91	20.15	G
-36.68	45	31.26	2.03	17.81	G
-18.34	45	32.29	1.84	21.83	V
-40.17	46	32.29	1.92	21.83	V
-62.00	47	32.29	1.87	35.63	G
-31.00	47	33.16	1.96	32.29	G
0	47	34.12	1.91	0	

So kommen wir mit einem Einsatz von

839 Euro auf einen Reingewinn von 10 Euro, während wir

beim Flatbetting mit jeweils 9.33 Euro auch 839 Euro Umsatz

gemacht hätten, aber am Ende mit einem Verlust von

$G \times 9.33 - V \times 9.33 = -120.17$ Euro dastehen.

Der Valuegehalt dieser Wetten muss also angezweifelt

werden. Aber auch diese Durststrecke konnten Sie mit

moderatem Kapitaleinsatz überstehen.

Nun sind 90 Wetten für eine Serie natürlich ziemlich lang. Dies sollte bei guter Auswahl von Value-Wetten aber die große Ausnahme sein und zu einem schnelleren Erfolg führen. Nachdem Sie eine Serie erfolgreich abgeschlossen haben, setzen Sie G und V wieder auf 0 und starten den Angriff auf Ihren festen Gewinn pro Serie erneut.

Um genügend Geld in der Hinterhand zu haben, um auch schlechtere Serien zu überstehen, würde ich dem Konto mindestens die 50-fache Menge des Serienzieles zur Verfügung stellen. Bei den im Beispiel genannten 10 Euro, entspricht dies dann 500 Euro.

Sie können sich natürlich auch ein bisschen in die Formeln einarbeiten und selbstständig Änderungen vornehmen. So können Sie die Anzahl der Werte in der Ausgangsreihe auf 2 oder 3 reduzieren, was die Sache etwas riskanter macht, aber unter Umständen zum früheren Ende der Serie führen kann. Oder wenn Sie mit dem 2 tilgt 3 Verhältnis nicht einverstanden sind, können Sie das auch einfach in der Formel ändern. Nur habe ich schon so einiges versucht und bin mit den hier vorgeschlagenen Werten immer gut und vor allem sicher gefahren.

9 Theorie & Praxis

Sie werden sich vielleicht fragen, wie ich es schaffe, diese umfassenden Analysen Woche für Woche für ein paar Dutzend Ligen durchzuführen und wie Sie es schaffen können, sich die Einsatzermittlung zu vereinfachen.

Zur Analyse muss ich sagen, dass es für eine einzige Person sicherlich zu umfangreich ist, wenn man gleich am Anfang 10 Ligen betreuen möchte. Doch ist das Einüben und Verstehen des Handwerkes unerlässlich. Vergleichen Sie dies mit dem Einsatz eines Taschenrechners in der Schule. Zunächst haben Sie die Grundfertigkeiten mühsam erlernt und die Rechenregeln nachvollzogen. Als Ihnen das in Fleisch und Blut übergegangen ist, durften Sie den Rechner einsetzen um die langen Rechnungen schnell durchführen zu können. Doch wer blind vertraut, bekommt bei 1+1, dank Tippfehler, auch schon einmal 3 heraus. Dies soll deutlich machen, dass ich es Ihnen nur wärmstens empfehlen kann, sich ein paar Monate auf einige wenige Ligen zu konzentrieren. Im Laufe der Zeit werden Sie ein Gefühl für die einzelnen Teams entwickeln und dann ist es auch möglich zum Beispiel die Formpunkte ganz herauszulassen oder die S-U-N-Bilanzen praktisch intuitiv richtig in Quoten zu bringen. Dann beschäftigen Sie sich wirklich nur noch mit den Faktoren, von denen Sie schon erahnen, dass sie entscheidend sein könnten. Aber ich warne davor diesen Schritt zu früh zu tun. Das ist dann meistens einfach ein Ergebnis der Faulheit, denn ohne ein bisschen Einsatz hat noch niemand Geld verdient.

Im Anfangsstadium können Sie sich ja vielleicht einige wettbegeisterte Mitstreiter suchen und die Ligen ein wenig unter sich aufteilen. Dabei sollte natürlich darauf geachtet werden, dass man ein wenig Interesse und Sachkenntnis eben über seine Ligen besitzt. Um die Rechnungen möglichst schnell durchführen zu können, empfehle ich außerdem die Anlage von Arbeitsblättern in Tabellenkalkulationen, die Ihnen nach der Eingabe der jeweiligen S-U-N-Bilanzen wenigstens schon einmal die erste Quotenforderung berechnen.

Ein weiteres Problem ist am Anfang der Saison natürlich die geringe Anzahl von verwertbarem Material. Ich empfehle daher die hier vorgestellten Berechnungen nach frühestens 10 Spieltagen. Aber wer schon etwas Erfahrung hat, kann natürlich auch vor allem an den ersten Spieltagen zuschlagen, denn hier ist sich der Buchmacher eben auch nicht sicher. Dabei sollten Sie vor allem auf Teams achten, die sich offensichtlich stark verbessert haben, denn der Buchmacher neigt dazu, die Quoten auf die Stärke der letzten Jahre zu beziehen. Eine Änderung wird dann erst nach einigen Spieltagen vorgenommen. Also spielen Sie ruhig die ersten Spieltage die positiven Trends nach, so lange diese nicht überproportional in die Quote eingepreist sind. Steht nun ein Team mit 4 Siegen aus 4 Spielen vorne, werden alle beginnen auf dieses Team zu setzen, auch wenn es letzte Saison gegen den Abstieg gespielt hat. Und wie auch an der Börse sollte ihr Ziel sein zu verkaufen, wenn auch die Letzten auf den Zug aufspringen wollen. Denn dann ist die Trendumkehr meistens nicht mehr weit.

Bei der Einsatzermittlung werden Sie vor dem Problem stehen, dass Sie mehr als eine Wette gleichzeitig spielen wollen, was in einer einzigen Serie so nicht möglich ist. Ich empfehle daher bis zu 5 Serien gleichzeitig zu bespielen, dann aber unter Reduzierung des Gewinnziels oder entsprechender Aufstockung des Risikokapitals. Denn Sie müssen damit rechnen, dass es zwischenzeitlich auch mal bei 3 Serien gleichzeitig nicht laufen kann und dann wären Sie ohne Anpassung schon bald in Bankrottgefahr.
Sie können dann auch entsprechend der Verteilung auf die Serien der Wetten dafür sorgen, dass die Einsätze relativ gleichverteilt sind, denn unter Umständen müssten Sie auf einer schlechten Serie auf 1.20 Quote viel zu viel setzen. Auch wenn das relativ sicher erscheint, sollten Sie sich in brenzligen Situationen lieber auf eine höhere Quote setzen.

10 Disziplin

Ich habe dies im Text schon oft erwähnt. Doch meistens bleibt ja das letzte Ereignis, das man wahrnimmt, hängen. Und da dies so wichtig für Ihren Erfolg sein wird und ihn unter Umständen verhindern kann, denke ich, dass hier noch einmal der richtige Platz dafür ist.

Es hört sich zunächst einmal ganz einfach an, denn ich fordere Sie mit diesen Zeilen zu nichts anderem auf, als dass Sie sich einfach an die hier vorgestellten Regeln halten.

Doch das wird schwieriger als Sie denken. Vermutlich wettet der Großteil von Ihnen noch mehr oder weniger aus Spaß. Klar wollen Sie alle gewinnen. Aber wahrscheinlich ist es vielmehr der Nervenkitzel, der Sie treibt. Und es gibt nichts schlimmeres für den Adrenalinsüchtigen, als die Langeweile eines starren Systems. Sie können plötzlich nicht mehr einfach das halbe Konto auf Ihren Lieblingsverein setzen. Und wahrscheinlich wird er nach Murphys Gesetz genau nach Lektüre dieses Buches zu einer Siegesserie ansetzen und Sie werden mich verfluchen, auch wenn Sie vielleicht mit der Strategie im Plus sind. Aber komischerweise ist der nichtrealisierte Gewinn für manch einen schlimmer als ein kleiner Verlust.

Und ich will Ihnen keinen Sand in die Augen streuen. Auch wenn Sie alles richtig anwenden, werden Sie auf

Niederlagenserien stoßen, die Sie vielleicht auch einmal ins Grübeln kommen lassen, ob das alles so richtig ist, was Sie tun. Doch gehören Sie einfach dazu. Denn auch der beste Profiwetter wird einmal eine Woche oder gar einen Monat mit Verlust beenden müssen. Doch er kann sich eben seiner Stärke bewusst sein, dass er einen generellen Vorteil gegenüber den anderen Wettern hat. Wer dann den kühlen Kopf bewahren kann, wird schon bald wieder in die Erfolgsspur zurückkehren und das ist das, was zählt. Vermeiden sollten Sie vor allem das zwischenzeitliche Platzieren von sogenannten Frustwetten, bei denen Sie im Verhältnis zum vorherigen Wettverhalten riesengroße Summen auf einzelne Spiele setzen, um die aufgebauten Verluste mit einem Schlag zurück zu gewinnen. Dies mag vielleicht sogar ein- oder zweimal funktionieren. Doch früher oder später wird es auch Sie erwischen, denn wer dies einmal tut, wird es immer wieder tun. Dies ist mit Sicherheit eine der Erfahrungen, die Sie nicht am eigenen Leib erfahren müssen. Verlassen Sie sich auf mich und die unzähligen Wetter vorher, die diesen Weg gegangen sind. Die Quote deren Konten in Folge dieses Verhaltens auf 0 gegangen sind, liegt bei geschätzten 100%.

Wenn Sie Zweifel an Ihren Analysen haben, führen Sie doch einfach auf Papier die Flat-Betting Strategie. Nach 100-200 Wetten sollten Sie dort vorne liegen. Ansonsten nehmen Sie

Änderungen vor, denn wie schon angedeutet, kann unsere Progression nur Gewinnsysteme stabilisieren, aber langfristig keinen Verlierer zu einem Gewinner machen.

11 Links

Diese Internetseiten helfen Ihnen bei der Durchführung der
Analyse, als auch bei der generellen
Informationsbeschaffung zum Thema Wetten.

Für die Analyse:

www.totalctrl.info
Verletzungen & Sperren für große Ligen

www.soccerway.com
Statistiken & Tabellen für alle Ligen

www.fussballdaten.de
besondere Kreuztabellen, um die Ergebnisse gegen ähnliche
Gegner schnell zu finden

www.betexplorer.com
Tabellen und Ergebnisse mit Quotenarchiv. Alles auf einen
Blick.

www.betdevil.com (zum Teil kostenpflichtig)
Power Ratings. Tabellen mit Ergebnissen auf einen Blick.
Verläufe der Teamstärke etc. Mein persönlicher Favorit.

Für die Informationsbeschaffung:

www.wettpoint.com

Mein Heimatforum ist mittlerweile die Nummer 1 in

Deutschland. Unglaubliche Basis an Wissen und Usern

www.bettingadvice.com

Vielleicht das beste (englischsprachige) Forum, weil

Menschen aus allen Ländern hier Infos zu ihren Ligen posten

www.bethelp.com

Großes Webverzeichnis zu allen Themen rund ums Wetten.

Quotenvergleiche

www.oddsoddsodds.com

Mein persönlicher Favorit. Möglichkeit nach bester

Kombiquote zu suchen

www.betbrain.com

etablierter Quotenvergleich

12 Ausblick und Abschied

Sie haben nun die Strategien und die Theorien gesehen mit denen ich mich am Wettmarkt bewege. Dies ist natürlich auch nur ein Weg von vielen, das soll hier in aller Deutlichkeit gesagt werden. Es gibt neben dem Fußball ja noch etliche andere Sportarten, die mit ihren Eigenheiten denjenigen, die Sie verstehen (im Sinne der Sportwette), durchaus große Gewinne bescheren können. Auch wenn ich mich selbst nicht nur im Fußballbereich aufhalte, denke ich aber, dass ich diese Erklärungen anderen überlassen sollte, deren Fachwissen und jahrelange Erfahrung in diesen Gebieten meines mit Sicherheit übersteigen.

Ich erwähne hier vor allem einmal die US-Sportarten (NBA, NFL, MLB) an die man doch unter ganz anderen Bedingungen herangehen muss als beim Fußball.

Außerdem möchte ich Ihnen auch nichts über Surewetten erzählen, bei denen Sie aufgrund von Quotenschwankungen zwischen den Buchmachern (fast) immer gewinnen. Doch die sekundären Risiken (Buchmacher zahlt nicht aus, Stornierungen) etc. haben mich davon abgehalten mich damit intensiver auseinander zu setzen.

Auch ein in jüngster Zeit viel beachteter Bereich sind die Live-Wetten. Auch hier haben intelligente Leute schon haufenweise Strategien entwickelt. Manche haben sich mit der Zeit als nicht mehr durchführbar erwiesen, aber mit dem richtigen Gespür für Value ist dort sicherlich der ein oder andere Euro zu holen, da die Quoten nicht nach großer Überlegung, sondern unter relativ viel Stress gestellt werden müssen. Manche haben sich bei Wettbörsen auch auf das Traden von Quoten spezialisiert. Dort nehmen Sie dann überhaupt keine Rücksicht mehr auf Statistiken, sondern gehen neudeutsch nach der Devise „trade the numbers" vor. Auch wenn ich in diesem Buch darauf nicht näher eingehen kann, sollten Sie sich nicht davon abbringen lassen, selbstständig nach Informationsquellen zu suchen. Das Internet hält auch in diesem Bereich einen unglaublich reichhaltigen Vorrat an Wissen bereit.

Doch eine Warnung: Meistens sind es die Menschen, die am lautesten schreien, deren Konto das größte Minus ausweist. Also gehen Sie immer mit einer gesunden Portion Skepsis an die Sache heran und machen Sie Ihre Erfahrungen, denn diese sind unabdingbar. Es geht nämlich nicht darum jede Zeile dieses Buches auswendig zu kennen. Sie müssen den Grundsatz verstanden haben und erkennen, was zu einem profitablen Wettabschluss dazu gehört und was nicht. Diese Hilfe sollte mit diesem Werk gelegt worden sein.

Danksagungen

An dieser Stelle möchte ich noch einigen Personen meinen persönlichen Dank aussprechen. Denn einige von ihnen haben mich jahrelang in dem nicht ganz einfachen Wettgeschehen begleitet. Von ihnen konnte ich wichtige Grundlagen lernen, andere haben sich als Weggefährten mit dem Ziel des des großen Geldes gezeigt und waren immer an einem Wissensaustausch interessiert.

besonderer Dank gilt (unter Pseudonym):

Lycanas

EisernHertha

AlexMineiro

aber auch weitere möchte ich hier noch erwähnen:

Badoman	Slub
spacenet	GS
Lunza	Hurricane
RonaldoV9	NHL-Tipper
Wichniarek	chrigel

Anhang

Tabelle vor dem 22.Spieltag der Saison 06/07

Platz	Team	S	U	N	Tore	Punkte
1	Schalke	15	3	3	38:19	48
2	Bremen	13	3	5	53:28	42
3	Stuttgart	12	5	4	37:26	41
4	Bayern	11	4	6	33:25	37
5	Nürnberg	7	12	2	30:17	33
6	Hertha	9	6	6	32:33	33
7	Leverkusen	8	5	8	35:33	29
8	Hannover	7	6	8	27:32	27
9	Dortmund	6	7	8	24:28	25
10	Wolfsburg	5	9	7	20:24	24
11	Bielefeld	5	8	8	26:26	23
12	Frankfurt	4	11	6	27:35	23
13	Cottbus	5	7	9	23:30	22
14	Mainz	4	9	8	17:31	21
15	Aachen	5	5	11	32:42	20
16	Gladbach	5	5	11	16:26	20
17	Bochum	5	5	11	22:33	20
18	HSV	2	12	7	22:26	18

Das analysierte Spiel endete: Dortmund - Gladbach 1:0

Lightning Source UK Ltd.
Milton Keynes UK
UKHW020637190320
360601UK00013B/516

9 783833 496547